디저트 이야기

차례

Contents

달콤함과 즐거움을 위해 만들어진 요리

디저트(Dessert)는 일반적으로 식사 후에 제공되는 요리를 뜻하는데 단맛, 풍미, 과일의 3요소가 모두 포함되어야 디저트라 할 수 있다. 대개 음식에서 단맛하면 대개 설탕, 꿀, 물엿 등을 떠올리게 된다. 사람들은 이러한 단맛을 좋아하며 이를 만족시켜 주는 것이 디저트인데 만약 설탕이 보급되지 않았다면 디저트도 오늘날처럼 발달하지는 못했을 것이다.

'앙트르메(Entremets)'라는 불어는 중세부터 쓰인 '요리와 요리 사이'라는 뜻의 옛말이다. 과거 프랑스의 궁정 귀족들은 몇 단계를 거치는 긴 시간의 식사를 즐겼고, 그 사이 사이에 앙트르메(마술, 춤 따위)를 보여줌으로써 식탁의 흥을 돋우었다고 한다. 그러다 차츰 요리와 요리 사이에 나오는 야채, 생선 요리나

단맛이 나는 과자를 가리키는 말이 되었고, 지금은 식사 시간이 비교적 짧아졌기 때문에 단맛이 나는 과자만을 앙트리메라 일컫는다. 이러한 과정을 거친 후, 달콤한 음식은 식사 맨 마지막 코스에 제공되는 것이 가장 이상적이라는 과학적 증명이 등장하였고, 이를 뒷받침으로 하여 오늘날의 디저트 문화가 자리 잡게 된 것이다.

　디저트는 식사가 끝나고 식욕도 충족된 상태에서 식사의 끝맺음을 우아하고 향기롭게 해주는 역할을 하며 눈도 즐겁게 해준다. 결국 이러한 즐거움을 위해 만들어진 요리의 꽃이라고 할 수 있다.

디저트의 유래

디저트란 말은 프랑스어인 디저비흐(desservir)에서 유래된 용어로 '치운다' '정리한다'는 의미다. 프랑스어 데세르(dessert) 또한 여기서 유래한 것이며 영어의 디저트는 프랑스의 데세르를 영어식 발음으로 읽은 것이다. 이후 디저트는 '식탁 위에 널브러진 빵가루 등을 치운다'는 의미로 바뀌게 되었고, 이러한 의미가 발전하여 손님들은 디저트를 먹기 위해 이미 준비된 다른 방으로 옮기거나 다른 건물로 건너가는 경우도 발생하였다. 그래서 디저트는 먼저 식탁을 깨끗이 치운 다음 제공된다.

디저트는 선사시대부터 존재했다. 하지만 그 당시에는 야생 꿀, 과일을 기본으로 하여 만든 단맛 나는 음식에 불과했으며 고대에는 신을 모시는 봉헌제에서 사용하던 음식으로 고대 이집트 왕 람세스 2세의 무덤에서는 작은 과자 조각이 있는 부조 조각이 발견됐다. B.C. 327년에는 알렉산더 대왕의 군대가 인도의 한 골짜기에서 사탕무밭을 발견해 이를 서양으로 가지고 갔다. 이후 십자군은 잘 알려지지 않은 과일들을 프랑스에 전했는데 계피, 편도, 개암 등이 그것이다.

고대 그리스에서는 소크라테스를 비롯해 철학자와 시인들이 모여 자주 향연(심포지엄)을 열었으며 그들은 긴 의자에 옆으로 누워 호화로운 식사를 하면서 밤을 새워 철학적 논쟁과 의견을 주고받았다. 그리고 식사 후에는 물로 희석한 독한 와인을 마시고 치즈와 말린 무화과, 살구 등을 즐겼다. 중세에 들어서자 당시 소화를 돕는다고 알려진 아니스, 생강 등의 양념에 설탕을 넣고 졸인 음식으로 식후 입가심을 하는 것이 유행이 되었다. 보통 이를 디저트의 기원이라 한다.

15세기 말 콜럼버스가 아메리카를 네 번째로 항해하던 중

Hernando Cortes

유카탄 반도 연안의 카카오 열매를 가지고 돌아갔다. 이것이 초콜릿이 유럽으로 건너가게 된 시초이며, 이후 16세기 중반 스페인의 웨루디난도 코르테스가 남미를 탐험한 후 스페인으로 돌아가 카카오 열매를 소개하면서 스페인에도 초콜릿이 전해졌다. 그리고 17세기에는 본격적으로 전 유

럽에 퍼지게 되었다. 신의 음식이라 전해지는 카카오 열매로부터 만들어진 초콜릿은 당시 최고급 음료였다고 전해진다.

프랑스의 디저트가 전 세계에 명성을 떨치게 된 것은 탈레이앙드(Talleyrurd)의 요리사인 안토닌 카렘(Antorin Carene, 1784~1833) 덕분이다. 그는 현대 과자의 선구자로 껍질이 얇게 벗겨지는 과자인 페유타지(Feuilletage)를 처음 만들었다. 이후 디저트는 18~19세기에 유럽궁정의 만찬에서 절정에 이르렀다. 겉치레와 정교한 장식을 원하는 시대 풍조가 정제 설탕과 밀가루가 널리 보급된 시기와 맞물려 파이, 과일, 케이크, 푸딩, 젤리, 머랭(Meringue) 등 수많은 디저트 음식들이 식탁 위에 차려졌다.

오늘날 우리가 알고 있는 훌륭한 디저트들은 19세기가 지나면서 자리를 잡게 되었으며 디저트는 자연스럽게 그날의 만찬을 마무리하는 최고의 요리로 변화되었다. 당시 전통적으로 거대하게 치러지던 방켓(benquet) 행사에서는 대부분 다섯 코스가 이루어졌는데, 이중에서 다섯 번째 나오는 요리는 매우 화려하고 장대하면서 우아한 모양의 디저트로 제공되었다. 이후 손님들이 단 음식을 좋아하고 과학적으로 어느 코스에 제공해야 하느냐에 관한 많은 연구가 이루어졌는데, 식사의 맨 마지막을 장식하는 것이 가장 이상적인 방법으로 채택되어 요리와 디저트의 관계가 새롭게 정리되는 계기가 되었다.

디저트의 풍미를 더하는 재료

디저트 소스

서양 요리에서 맛이나 색감을 내기 위해 음식에 넣거나 사용하는 액체 재료로 소스를 많이 사용한다. 디저트의 소스(Sauce)는 원래 라틴어 'Sal(소금)'에서 유래된 것인데 소스는 감미, 산미, 수분을 더해주며 색감을 이용해 시각적이고 미각적인 효과를 추구하고 새로운 맛을 내게 함으로써 디저트를 한층 돋보이게 한다. 소스는 크게 크림소스(Cream Sauce)와 리큐르 소스(Liqueur Sauce)로 나뉘며 최근 디저트 고급화에 따라 중요한 부분으로 여겨지고 있다.

디저트에 사용되는 크림류

크렘(Creme)

크렘은 프랑스어로 영어로는 크림(Creme)이라고 한다. 달콤하고 부드러운 맛의 상징인 크렘은 디저트의 기본 요소 중 하나로 맛을 내는 데 있어 매우 중요한 부분이다.

크렘의 주재료는 우유와 생크림, 달걀, 설탕, 버터이며 특히 최근 디저트에 사용하는 크렘은 용도가 매우 다양하여 케이크 표면을 장식하는 것 외에도 크렘만을 구워 디저트를 만들거나 필링(요리 중 샌드위치 따위의 소)의 재료로 이용하기도 한다. 여러 가지 재료를 이용하여 만들어지는 경우가 많은데 최근에는 완성된 두 가지 이상의 크렘을 서로 섞어 사용하는 경우도 늘고 있다. 디저트에서 가장 많이 사용하는 크렘 몇 가지를 알아보면 다음과 같다.

크렘 파티시에르(Creme Patissiere)

'과자점의 크림'이란 뜻의 크렘 파티시에르는 영어로는 커스터드 크림(Custard Cream)을 뜻하며 '슈'의 충전용 크림으로 잘 알려져 있다. 커스터드라는 이름은 원래 크러스트(Crusted)라 하여 프랑스 요리인 크로스태드(Croustade: 파이반죽이나 파이껍질에 여러 재료를 채운 요리)의 어원과 같다. 이 단어는 빵과 구운 과자의 껍질을 뜻하는 크러스트(crust)와도 어원이 같다.

커스터드는 본래 우유와 설탕, 달걀을 섞은 혼합물이다. 여

커스터드 크림을 이용한 디저트

기서 커스터드 푸딩과 커스터드 소스가 만들어졌으며 나아가 커스터드 크림으로 만들어졌다. 커스터드 크림은 프랑스에서는 제과용 크림이란 의미로 크렘 파티시에르라 부르며, 독일권에서는 커스터드 크림에 해당되는 크림을 바닐리에 크렘(Vanille krem)이라 부른다. '페이스트리 크림' 혹은 '크림 큐트'라고 불리기도 하는데, 슈 외에도 에끌레르(eclair), 밀푀유(mille-feuille), 타르트(tarte) 등 다양한 제품에 그대로 사용해도 좋고 버터 크림, 생크림, 아몬드 크림 등과 섞어 사용하면 커스터드 크림 특유의 진하고 부드러움이 어우러져 새로운 맛의 크림이 만들어진다. 커스터드 크림을 맛있게 만드는 비결은 알맞게 끓이는 데 있으며 완전히 호화(糊化: 열과 수분에 의해 팽창되어 점도 증가, 수용성 증가, 부피 증가 등의 성질을 가지는 쪽으로 변화하는 과정)시켜야 맛있는 크림을 만들 수 있다.

전통적으로 커스터드 크림은 파이나 타르트 및 푸딩의 재료로 사용해 왔다. 그러나 최근에 와서는 아이스크림, 수플레, 푸딩, 바바루아 등과 같이 사용되면서 하나의 디저트로 굳어졌다.

크렘 샹티이(Creme Chantilly)

크렘 샹티이란 설탕을 넣어 휘핑한 생크림을 뜻한다. 먼저 볼에 생크림을 넣고 얼음물이 든 볼을 받친 후 설탕을 넣는다. 이때 사용하는 설탕의 양은 생크림 100g 분량에 설탕 7~8g(7~8%) 정도가 적당하다. 그리고 볼을 점점 기울여 거품기로 거품을 올린다. 설탕을 넣지 않고 거품을 올린 것은 크렘 푸에테(Creme fouettee)라고 한다.

크렘 샹티이를 만들 때 사용하는 생크림은 유크림, 가공 유크림, 식물성 크림으로 분류되는데 엄밀히 말하면 유크림만을 생크림으로 불러야 하지만 우리나라에서는 식물성 유지가 들어간 것은 모두 휘핑크림으로 분류되며 모두 생크림의 범주에 속한다.

크렘 샹티이

생크림은 크게 고지방유크림(유지방 40%대)과 저지방크림(유지방 30%대)으로 나뉘는데 고지방 크림으로 휘핑한 것은 매끄럽고 시간이 지나도 변형이 잘 생기지 않는 반면 맛과 향이 무거워 과일과 함께 쓰면 풍미를 해칠 수도 있다. 그러나 저지방크림은 형태 보존력은 약하지만 가벼운 맛과 과일과 잘 어울리는 장점이 있다. 크렘 샹

크렘 샹티이

티이는 부드러운 반죽과 잘 어울리고 장식용으로 많이 쓰이며 열에 약해 냉장 보관하는 것이 좋고 사용할 용도에 맞게 휘핑하여 사용하면 된다.

크렘 앙글레즈(Creme de Anglaise)

크렘 앙글레즈는 뜨겁거나 차게 하여 케이크, 과일 또는 다른 디저트 위에 풍부하게 얹는 커스터드다. 달걀노른자에 설탕과 우유를 섞어 끓여 진한 타입의 크림 상태로 만들며 연한 바닐라 향이 나는 소스를 말한다. 플레이트 디저트와 마무리용 소스, 아이스크림, 무스에 기본 크림으로 많이 사용한다. 크렘 파티시에르와 달리 소맥분이 들어가지 않기 때문에 유동성이 높다.

크렘 오 뵈르(Creme au beurre)

버터가 듬뿍 들어간 '버터크림'을 뜻하며 버터를 크림 상태로 만든 다음 이탈리안 머랭이나 앙글레즈 소스와 혼합하는 방법, 머랭과 설탕 시럽 등을 혼합해서 만드는 방법 등 다양한 제법을 이용해 만들 수 있다. 버터케이크를 만들 때 샌드용이나 장식용으로 많이 사용되고 있으며 앙트르메의 기본 크림 또는 장식용 크림으로 많이 사용된다.

크렘 가나슈(Creme Ganache)

크렘 가나슈는 흔히 가나슈(Ganache) 크림으로 불린다. 가나

가나슈 크림을 이용한 디저트

슈 크림은 초콜릿과 생크림으로 만드는 농후한 크림으로 가나슈 크림에는 모든 종류의 초콜릿을 이용할 수 있다. 배합도 여러 가지지만 생크림과 초콜릿을 같은 양으로 만든 것이 기본으로 여기에 양주나 견과류 등을 이용해 여러 가지 풍미를 내는 경우도 있다. 가나슈의 매력은 농후한 초콜릿의 풍미와 쫀득한 식감이며 지방분이 높아 분리되기 쉬우므로 재료를 넣고 윤기가 날 때까지 나무주걱 등으로 천천히 섞는 것이 중요하다. 가나슈 크림은 초콜릿의 양이 많으면 단단해지고 적으면 부드러워진다.

크렘 가나슈는 주로 스폰지나 버터케이크의 필링, 코팅에 사용하거나 프랄리네(Praline) 초콜릿의 충전물용, 쿠키 샌드용으로 사용한다. 케이크 등에 코팅하는 가나슈 크림은 다소 부드러운 것을, 프랄리네에 이용하는 것은 생크림과 초콜릿이 1:2 정도로 단단한 것을 이용한다. 가나슈는 초콜릿과 생크림을 잘 섞어 균일하게 만드는 것이 중요하며 가나슈의 맛과 품질은 초콜릿의 성분인 카카오분, 유지분, 당분 등의 함유율이나 생크림의 유지방분에 의해 결정되고 가나슈의 질감과 풍미에 큰 영향을 미친다.

크렘 무슬린(Creme Mousseline)

슈의 충전용으로 커스터드 크림과 버터를 섞어 만든 크림이다. 과일과 함께 크림을 샌드할 경우 버터크림만으로는 딱딱하고 커스터드 크림은 흘러내려 적당하지 않다. 이 두 단점을 보완한 것이 바로 크렘 무슬린이다. 과일과 잘 어우러져 과일의 산미를 완화시키고 흘러내리지 않게 형태를 고정시켜 준다. 크렘 파티시에르와 크렘 샹티이를 섞어도 된다.

크렘 사바용(Creme Sabayon)

크렘 사바용은 흔히 사바용 소스(Sabayon Sauce)라고 부르는데 달걀노른자와 설탕을 중탕하면서 거품을 일으켜 백포도주로 향을 낸 따뜻한 소스다. 백포도주 대용으로 리큐르나 샴페인, 생크림 등을 사용하기도 하며 백포도주를 넣은 크림은 따뜻한 디저트에 생크림을 넣은 것은 차가운 디저트에 잘 어울린다. 주로 푸딩, 그라탱, 크레이프 등의 디저트에 많이 사용된다.

크렘 다망드(Creme d'amandes)

아몬드 크림(Almond Cream)이라 불리는 크렘 다망드는 크림 중에 가장 공정이 간단하다. 배합 면에서 보면 단독으로 사용하는 경우는 극히 드물고, 보통 다른 반죽과 어울려 필링으로 이용하는 경우가 많아 일반적으로 크림으로 분류한다. 보통 영국이나 미국에서는 아몬드 크림이라 부르지만 프랑스에서는 크렘 다망드와 크렘 프랑지판(Creme Frangipane)으로 나누어 구분하고 있으나 이론상으로 명확한 구별이 없다. 보통 크렘 다망드는 프랑스에서 만들어졌다 하고 크렘 프랑지판은 이탈리아가 그 기원이라 한다.

크렘 다망드와 크렘 프랑지판의 기본 배합에는 보통 버터, 설탕, 달걀, 아몬드가 같은 양으로 사용된다. 아몬드 크림의 제법에는 두 가지 방법이 있다. 한 가지는 아몬드 가루를 사용하는 방법으로 아몬드 가루와 설탕을 함께 섞고 달걀을 넣은 뒤 마지막에 녹인 버터를 넣고 완전히 섞어 주는 것이다. 또 한 가지 제법은 마지팬(설탕과 아몬드를 갈아 만든 페이스트) 등 페이스트 상태의 아몬드를 사용하는 방법으로 이 방법이 입자가 곱고 혀의 촉감이 매끄럽다. 향을 첨가하기 위해 럼주 혹은 바닐라 등을 사용하기도 하며 아몬드의 풍미를 충분히 살리기 위해 과일을 곁들인 타르트, 파이 등의 필링으로 사용되는 기본적인 크림이다. 아몬드 크림은 그대로 사용하지 않고 오븐에 구워 쓰는 것이 특징이다.

아몬드 크림도 다른 크림과 마찬가지로 여러 가지 소재를 넣어 다양하게 만들 수 있으며 초콜릿은 기본 반죽에 4~7%의 녹인 버터 초콜릿을 사용하고, 커피는 기본 반죽에 3~4%의 인스턴트 커피를 넣는다. 프랄리네는 아몬드, 헤이즐넛, 피스타치오 등을 곱게 빻아 기본 반죽에 대해 20% 정도를 섞으며, 꿀은 기본 반죽에 사용하는 설탕 분량의 15~20%와 교체해 사용한다. 꿀 이외에도 조당이나 브라운 슈거를 사용할 수도 있다. 과실의 경우에는 기본 반죽에 대해 과즙의 경우 35%를 첨가한다. 첨가하는 방법은 건조시킨 아몬드 가루와 함께 롤러에 넣어 페이스트 상태로 만드는 것이 가장 효율이 좋다. 잼을 넣을 경우에는 잼의 당분을 계산해서 그만큼 설탕의 분량을 줄인다. 곱게 썰어 당 절임한 과일을 사용해도 좋다.

크렘 프랑지판(Creme Frangipane)

아몬드 풍미의 크림으로 타르트의 충전용으로 사용한다. 일반적으로 크렘 다망드와 크렘 파티시에르를 혼합해서 만들며 크렘 파티시에르의 부드러움과 크렘 다망드의 고소한 풍미를 함께 느낄 수 있다. 기본 재료는 설탕, 달걀노른자, 크림상태로 녹인 버터, 아몬드가루이고 이때 아몬드를 설탕과 함께 롤러로 분쇄하여 사용하면 더욱 맛이 좋은 크림이 된다. 사용할 때는 꼭 데워서 사용하며 타르트 등에 크렘 프랑지판을 넣어 구우면 크렘 파티시에르가 들어가 있는 부분이 아래로 가라앉는데 이 부분에 과일 등을 장식하면 좋다.

크렘 디플로마트(Creme Diplomate)

커스터드 크림에 휘핑한 생크림을 넣어 만든다. 커스터드 크림의 점도를 부드럽게 하기 위해 생크림을 넣은 것으로 가볍고 부드러운 것이 특징이며, 파이 등의 과자와 슈크림에 많이 사용한다. 생크림의 양은 용도에 맞게 50%까지 늘려서 사용할 수 있다.

치즈크림

치즈크림은 주로 세이버리 제품(간단한 식사류나 디저트류)에 이용한다. 가장 많이 이용되는 치즈는 크림치즈지만 어떤 종류의 치즈라도 이용할 수 있다. 연질의 치즈는 그대로 사용하고 반경질의 치즈는 갈아서 사용하는 경우가 많으며 브루 치즈나 록포르(Roquefort) 치즈와 같이 풍미가 독특한 치즈는 프티 푸르(Petits Four: 커피나 차와 함께 내는 아주 작은 케이크 또는 쿠키) 같은 소형 제품에 많이 이용하며 버터크림과 같이 버터, 달걀과 섞어서 휘핑하거나 커스터드 크림과 같이 우유와 달걀을 끓이는 중에 섞거나 하는 등 여러 가지 제법이 있다.

생크림

우유에서 지방분(유지방)만을 분리해 낸 것으로 후레쉬 크림(Fresh Cream)이라고도 한다. 주성분은 유지방이고 종류나 국가에 따라 그 함유량이 각각 다르다. 한국이나 일본에서는 생크림이라 하면 유지방 18% 이상을 포함한 것이라 규정하고 있으나 서양에서는 더욱 세분화하여 분류하며 나라마다 분류 기준이 다르다. 일반적으로 커피에 사용하는 생크림은 20% 정도의 유지방을 포함하고 있고, 케이크나 제과에서 사용하는 생크림은 30~50% 정도의 지방분을 함유하고 있다.

생크림은 거품을 내어 사용한다고 하여 휘핑크림(whipping cream)이라고도 부른다. 생크림을 휘핑하는 것은 여기에 들어 있는 유지방의 기능을 이용하는 것으로 유지방분이 어느 정도 높은 생크림이 아니면 휘핑했을 때 결이 잘 살아나지 않는다. 생크림을 휘핑할 때 차가운 생크림이 기포가 곱고 안정성도 높은데 대개 4~7도 정도에서 가장 좋은 기포를 형성한다.

생크림을 휘핑할 때에는 휘퍼를 사용하여 처음에는 될 수 있는 한 빠른 속도로 저어주며, 휘젓는 속도를 일정하게 해야 균일한 기포를 얻을 수 있다. 어느 정도 휘핑되면 휘젓는 속도를 늦추고 단단해질 때까지 휘핑을 계속한다. 이때 지나치게 휘핑되지 않도록 주의하여야 한다. 생크림의 휘핑이 지나치면 수분이 유지방과 분리되어 버터 상태가 된다. 휘핑크림도 버터크림과 같이 여러 가지 부재료를 이용하여 다양한 풍미를 낼 수 있다. 휘핑한 생크림, 즉 휘핑크림은 바바루아(Bavarois) 같은 디저트의 반죽으로 이용되는 것 이외에도 스펀지 샌드용, 파이나 슈의 필링용, 케이크의 장식 등 용도가 매우 다양하다.

디저트에 사용되는 과일

과일이라 함은 과실 중에서 식용할 수 있는 것을 의미하며 과실(果實)이라고도 한다. 과일은 과육, 과즙이 풍부하고 단맛이 많으며 향기가 좋다. 과일은 재배지역에 따라 온대과일과 열대과일로 분류한다. 과일을 재배하기 시작한 곳은 이집트, 메소포타미아, 중국의 세 지역으로 약 5000~6000년 전부터이다. 동아시아는 온대지역으로 중국이 원산지인 종류가 많으며 농경문화가 가장 먼저 발달한 황하유역에서 복숭아, 배, 매실, 살구, 대추, 감, 밤, 개암 등을 재배하였으며 가공품으로 많이 이용하였다. 과일은 지역에 따라 다양하게 재배되며 인간이 선호하는 식품 중 하나이다. 태초부터 과일은 사람과 동물 모두에게 신으로부터 받은 가장 큰 축복의 선물이었다.

요리에 과일을 사용한 기록은 그리스 초기부터 나타나는데 이후 로마에 이르기까지 기록 문화가 시작되면서 많은 내용이 전해지고 있다. 전통적으로 과일은 요리를 먹고 나서 나중에 제공되며 이 방식은 예나 지금이나 변함이 없다. 과일은 특별한 모양을 내지 않아도 훌륭한 장식이 되기도 하고 모양이 나쁘다 할지라도 싱그러운 맛과 향으로 거의 모든 디저트에 사용되고 있다.

세계 어디서나 볼 수 있는 사과의 예를 들어보면 그대로 껍질만 제거하여 먹기도 하고 뜨거운 디저트나 샐러드, 튀김, 구이, 삶기 할 것 없이 그 쓰임새가 매우 다양하다. 또 감귤류의 경우에도 손으로 껍질을 까서 분리된 하나하나의 조각을 먹거나 즙을 내어 셔벗(Sherbet)이나 크림, 수플레, 주스, 소스 등의 재료로 사용되어 주변의 요리를 보다 풍부하게 해주는 역할을 하고 있다. 딸기류는 재배되는 것보다 야생에서 수확하는 야생 딸기가 모양도 아름답고 그 크기가 일정하여 특별한 손질 없이 그대로 사용되며, 특히 야생딸기는 향이 강해서 디저트용 타르트를 만들기에 적합하다. 그 밖에도 자두나 복숭아, 망고, 체리와 같이 단단한 씨앗을 지니고 있는 과일은 다른 과일과 비교하여 육질이 단단하기 때문에 설탕물에 살짝 삶거나 절이는 방법을 이용하여 저장 후 사용하기도 한다. 오늘날 전 세계에 퍼져있는 과일들은 같은 종류라 할지라도 그 지역의 기후와 토양에 따라 각각의 독특한 맛을 지니고 있다.

과일은 과육이 발달된 형태에 따라 인과류(꽃턱이 발달하여 과육부를 형성한 것. 사과, 배, 비파 등), 준 인과류(씨방이 발달하여 과육이 된 것. 감, 감귤류), 핵과류(내과피가 단단한 핵을 이루고 그 속에 씨가 들어 있으며, 중과피가 과육을 이루고 있는 것. 복숭아, 매실, 살구 등), 장과류(꽃받침이 두꺼운 주머니 모양이고 육질이 부드러우며 즙이 많은 과일. 포도 등), 견과류(외피가 단단하고 식용부위는 곡류나 두류처럼 떡잎으로 된 것. 밤, 호두, 잣 등)로 분류할 수 있다.

인과류 과일

① 사과 : 대표적인 인과류 과일인 사과는 포도만큼이나 종류가 다양하고 사용하는 데 일정한 제한이 없다. 날것 또는 잼이나 젤리, 사과 소스와 같이 특히 디저트 많이 이용된다. 사과는 디저트뿐만 아니라 치즈, 육류, 샐러드와도 잘 어울린다. 사과는 즙이 풍부하여 즙을 짜낸 다음 발효시켜 식초나 발포성 음료를 만들어 내기도 하며, 펙틴과 섬유질이 풍부하여 콜레스테롤 조절에 효과적이고 비만 치료에도 좋다. 사과의 종류에는 우리가 흔히 알고 있는 홍옥, 부사, 국광 등과 같이 그 수를 헤아릴 수 없을 정도로 많으며 최근 농사기술의 발달로 계속하여 새로운 품종이 개발되고 있기 때문에 미래에는 전혀 다른 사과의 종류가 나타날 것으로 기대한다.

배를 이용해 만든 디저트

② 배 : 사과와 같이 배도 디저트에 사용하는 방법은 다양하며 사과와 비교해 섬유질이 단단하기 때문에 시럽에 삶아서 디저트로 사용하면 더 좋은 효과를 볼 수 있다. 배는 주스, 과즙 음료, 알콜 음료를 만들며 우리나라에서도 오랫동안 전통 요리에 사용해 왔다.

서양에서 배는 주로 초콜릿과 함께 사용하고 동양에서는 생강과 잘 어울리는 것으로 알려져 왔다. 특히 소화효소를 다량으로 함유하고 있기 때문에 육류와 함께 먹으면 배탈이 나지 않는다고 전해지며 배를 사용할 때는 껍질과 씨방 부분을 완전히 제거하여야 한다. 배는 다른 과일에 비해 과육이 단단하고 씨방 부분은 신맛이 강하다. 배의 형태는 아시아배와 서양배가 있는데 구분이 뚜렷할 정도로 외관상 차이를 보인다.

준 인과류 과일

오렌지와 귤, 레몬, 라임, 자몽과 같은 과일들로 우리나라는 제주도를 제외하고, 오렌지나 자몽과 같은 과일들이 자라기에 적당한 기후가 아니다. 제주도에 귤이 지금처럼 많이 생산된 시기는 1980년대 이후부터다.

① 오렌지 : 오렌지는 디저트에서 약방의 감초처럼 빠지지 않고 사용되며 껍질, 과육, 과즙, 어느 것 하나 버리는 부분이 없다. 오렌지는 디저트 외에도 샐러드, 가금류 소스, 야채, 모든 생선 분야에 두루 쓰이고 있으며 다른 과일에 비해 비타민C의 함량이 풍부하다.

② 귤 : 귤은 오렌지보다 작으며 납작하고, 껍질이 쉽게 벗겨지기 때문에 즉석에서 먹기 아주 편리하다. 다른 종류의 과일과 비교해 당도가 높고 질감도 좋으며 우리나라에서는 11월부터 이듬해 1월까지 제주도에서 대량 생산된다.

③ 레몬 : 레몬은 산기가 많아 날것을 먹기에는 너무도 신맛이 강하다. 그러나 소스나 생선 및 케이크 등을 만드는 데 레몬은 없어서는 안 될 재료이며 신맛이 강하기는 하나 반면에 상쾌한 맛을 지니고 있어 다른 재료의 맛을 살려주는 데 최상의 과일이다. 샐러드의 드레싱으로는 레몬을 능가할 재료가 없다고 할 정도이며 이외에도 생선의 비린내를 없애거나 고기를 부드럽게 하기 위해 육류를 절일 때 레몬을 사용하기도 한다. 레몬 역시 천연 비타민C의 함량이 풍부하다.

④ 라임(Lime) : 라임은 기본적으로 레몬과 같은 용도로 사용된다. 다만 색상에 있어 초록색을 냄으로써 좀 더 상쾌한 느낌을 준다. 이러한 이유로 칵테일에 장식용으로 자주 사용되며

레몬보다는 적은 양이지만 다른 과일에 비해 비타민C를 많이 함유하고 있다. 라임 껍질을 이용하면 오렌지나 레몬이 낼 수 없는 초록색의 시각적 효과를 높일 수 있다.

⑤ 자몽(Grapefruits) : 오렌지나 귤에 비해 쓴맛이 강한 자몽은 나름의 독특한 맛을 지니고 있으며 속은 노랑, 핑크, 붉은색의 세 가지가 주류를 이루고 있다. 오렌지나 귤보다 크기가 크기 때문에 껍질을 까서 먹기보다는 절반을 자른 후 스푼으로 떠먹는 경우가 많으며 특히 아침식사를 할 때 신선한 자몽 하나와 달걀 오믈렛 하나면 훌륭한 요리가 된다. 자몽은 오리, 닭, 돼지고기, 새우와도 잘 어울린다.

핵과류 과일

① 체리 : 단단한 씨가 들어 있는 과일 중에서 작은 크기에 속하는 체리는 많은 종류가 있으며 우리나라에 자생하고 있는 체리는 '버찌'라고 할 수 있다. 이른 봄에 벚꽃이 피고 나면 줄기에 작은 열매가 맺히고 얼마 가지 않아 노란색에서 붉은색으로 되었다가 검은색으로 변하게 된다. 이 버찌는 와일드 체리(Wild Cherry)라고 불리며 과일로 사용하기에는 너무 작다.

과일로 사용되는 체리는 유럽과 남미 등지에서 생산되는 스위트 체리(Sweet Cherry)와 사워 체리(Sour Cherry)가 주류를 이루는데 씨를 제거하고도 상당량의 과육이 나온다. 스위트 체리와 사워 체리도 종류가 다양하며 신선한 상태로 먹기도 하지만 제

사워 체리(Sour Cherry)

철이 아닌 때에는 통조림으로 가공되어 유통된다. 체리의 맛은 달면서도 매우 상쾌하며 디저트에서는 파이, 과일 케이크를 만들 때 사용된다. 디저트뿐만 아니라 가금류 요리와 함께 제공되기도 한다.

② 살구(Apricot) : 보통 온대지방에서 널리 재배하고 있으며 날것으로 먹거나 가루반죽에 넣어 요리하거나 통조림을 만들기도 하고 건조시켜 보존·가공하기도 한다. 과육 속에 들어 있는 핵은 부드럽고 서양 자두와 다소 비슷하지만 폭이 더 넓고 약간 납작하다. 모양이 복숭아와 더 비슷하며 익으면 털이 거의 없어지거나 아주 없어진다. 과육은 일반적으로 짙은 노란색에서 노란빛이 도는 오렌지색을 띠고 있으며 살구는 조금만 상처가 나도 쉽게 부패되기 때문에 상처가 나지 않도록 주의해야 한다. 살구는 비타민A와 칼륨이 풍부하며 씨를 제거한 다음 말리거나 설탕에 절여 디저트에 사용하고, 좀 단단한 것은 설탕물에 삶은 후 그대로 디저트에 사용하기도 한다.

③ 복숭아 : 복숭아도 체리만큼이나 종류가 많고 종류에 따라 맛도 다양하다. 디저트에 사용할 목적으로 복숭아를 고른다

면 너무 단단하지 않은 것을 선택하는 것이 좋으며 내부 색상
이 황금색이 나거나 향이 좋은 것을 선택한다.

날것으로 이용하는 것이 복숭아 특색을 살리는 가장 좋은
방법이나 그렇지 못할 경우에는 통조림을 사용하는 것도 좋다.
잼이나 컴포트(숙실과를 차갑게 해서 먹거나 과일, 땅콩 등을 쪄서 먹는
것), 아이스크림 등으로 사용할 수 있다. 복숭아와 잘 어울리는
육류는 가금류와 돼지고기를 들 수 있다.

④ 자두 : 자두는 우리나라에서도 많이 생산되는 과일 중
하나로 초여름에서 한여름까지 다양하게 출하된다. 자두는 녹
색에서 붉은색, 노란색 또는 자주색 등 종류에 따라 맛과 향이
조금씩 다르며 디저트로는 신선한 상태로 제공하는 것이 가장
단순하고 좋은 방법이다.

자두는 씨를 제거하고 파이와 아이스크림 등에 이용하기도
하고, 잼이나 젤리를 만들기도 한다. 자두를 곱게 갈아서 달고
새콤한 소스를 만들어 돼지고기와 들짐승 요리에 곁들이면 매
우 잘 어울린다.

장과류 과일
① 딸기 : 딸기의 종류는 세계적으로 1,000가지 이상이 분
포하고 있다. 우리나라에는 언제 전해졌는지 정확하게 알 수 없
지만 19세기말 경으로 추정되며 프랑스에는 18세기 중엽에 전
해졌다는 기록이 남아 있다. 영국에서도 1820년대에 와서야

상업적으로 생산하기 시작하였는데 이미 많은 농가에서 소규모로 딸기를 재배하고 있었다고 한다.

최근에는 세계 어디에서나 쉽게 볼 수 있으며 생산 시기가 지나면 냉동된 딸기를 사용한다. 냉동된 딸기는 일반 과일처럼 사용하기는 어렵지만 소스나 수플레 및 아이스크림 등과 같이 가공품을 만드는 데 있어서는 생딸기와 큰 차이가 없다.

② 라스베리(Raspberry) : 라스베리는 '과일의 여왕'이라는 찬사를 받고 있으며 모든 사람들이 인정하는 훌륭한 과일이다. 라스베리는 신맛이 나면서도 표현할 수 없는 깊은 향이 있으므로 그 자체로도 훌륭한 디저트가 된다. 소스로 사용할 때에는

믹서기에 갈아 씨를 걸러낸 다음 약간의 시럽이나 꿀을 사용하여 단맛을 높인다. 케이크나 푸딩용으로 많이 이용한다.

라스베리를 이용한 디저트

③ 블루베리(Blueberry) : 블루베리는 캐나다와 미국에서 가장 많이 생산되는 야생 열매과일이다. 키가 낮은 관목과 키가 큰 관목의 두 가지가 대표적이며 일반적으로 키가 낮은 관목에 달리는 블루베리가 큰 관목의 것보다 단맛이 강하다. 주로 과일 샐러드, 시리얼, 크레이프(Crepe), 와플의 내용물로 사용되고 있

으며 잼이나 젤리를 만들어서 빵과 함께 먹기도 한다. 모양에 비하여 과즙이 풍부하므로 디저트에 사용하면 푸른 빛의 즙이 흘러나와 외관상 좋지 않을 때도 있다.

④ 레드 커런트(Red Currant) : 레드 커런트는 익혔을 때 향이 좋기 때문에 날것으로 먹기보다는 익혀서 사용하는 경우가 많다. 타르트나 케이크의 장식으로 사용되는 레드 커런트의 대부분은 통조림으로 가공된 것을 볼 수 있는데, 저장과 유통을 위해 필요한 부분이기도 하겠지만 이러한 상태의 레드 커런트를 조리했을 때 향과 맛이 더 뛰어나기 때문이다.

레드 커런트는 푸딩이나 케이크 및 파이에 내용물로 많이 사용되며 곱게 갈아서 소스로 만들면 파인애플이나 자두 및 배 등과 같이 다른 과일과도 잘 어울린다. 레드 커런트를 식초에 담아 두면 색이 선명하고 환상적인 레드 커런트 식초가 만들어진다.

⑤ 크랜베리(Cranberry) : 크랜베리는 앵두처럼 생겼으나 씨는 전혀 다르다. 맛은 시큼하고 주스가 많다. 조리를 해도 모양 변화가 적기 때문에 머핀이나 빵, 케이크 속에 넣어 굽기도 하고 파이나 셔벗에 사용하기도 하며 잼이나 젤리, 소스로도 많이 사용된다. 레몬, 사과, 배 등과 함께 갈아서 소스로 만들어 사용한다.

⑥ 구스베리(Goose-berry) : 구스베리는 유럽에서 미국으로 전해진 것으로 보이며 다른 커런트와는 차이가 있다. 커런트가 일정한

구스베리(Gooseberry)

송이를 이루면서 달려있는데 반해 구스베리는 개별적으로 달려있고, 날것으로 먹으면 매우 상큼한 맛을 느낄 수 있으며 설탕과 함께 파이나 젤리, 셔벗, 시럽 등을 만드는 데 사용한다. 때로는 푸딩이나 샐러드에도 사용하지만 고기나 생선 요리에 곁들여 쓰면 매우 좋다. 전반적으로 신맛이 강하며 펙틴 함량도 높다.

⑦ 블랙베리(Blackberry) : 블랙베리는 처음에 흰색이다가 노란색과 붉은색, 그리고 검은색으로 바뀐다. 흰색일 때는 단단하고 떨떠름한 맛이 나지만 붉은색으로 변하면서 단맛이 나기 시작해 검은색을 띨 때 가장 당도가 높고 주스도 풍부하다. 나무에서 수확한 후부터는 빨리 물러지기 때문에 수확한 후 즉시 약간의 설탕을 뿌려서 색이 빠지는 것을 막아 주어야 한다.

우리나라 사람들에게는 뽕나무에 달린 오디로 더 많이 알려져 있는 블랙베리는 서양에서 볼 때는 라스베리나 딸기의 일종으로 생각한다. 블랙베리는 디저트에 그대로 사용하기도 하지만 아이스크림이나 잼, 젤리, 시럽, 와인 등을 만들 수 있으며

브랜디를 만들 수도 있다.

⑧ 포도 : 포도는 와인이나 알콜 음료에 사용되는 기초재료로 코냑, 샴페인 등이 포도를 재료로 만들어진다. 포도는 날것, 말림, 잼, 젤리 등 거의 모든 가공 방법으로 다양하게 이용한다. 기후와 토양에 따라 종류도 다양하며 포도의 크기별로 구분하기도 하지만 자연적인 색깔에 따라 검은 포도와 청포도, 노란 포도 등으로도 구분한다.

견과류

① 호두 : 가래나무과에 속하는 견과류로 지방과 단백질이 주성분이다. 비타민B1을 많이 함유하고 있으며 지방질이 50~60%로 다소 많은 편이다. 불포화지방산이 다량 함유되어 있고 단백질은 20~30% 정도다. 칼슘과 비타민B2도 많이 함유하고 있다. 호두는 그대로 먹거나 과자나 빵의 재료, 술안주, 요리 등에 쓰이기도 하고 기름은 고급 요리에 이용된다. 호두는 유럽이 원산지이나 한나라 때 서역에서 들여와 중국 각지에서 재배되고 있는 것으로 알려져 있다.

② 잣 : 잣은 지방질과 단백질이 주성분으로 열량이 높은 과일이며 수분함량은 매우 낮다. 철, 칼륨, 비타민B1·B2·E가 풍부하며 상온에 오래 두면 산패(공기 속의 산소, 열, 세균 등의 작용에 의해 산화되어 산화물을 만드는 현상)되어 맛과 영양이 떨어진다. 흰

배유는 향기와 맛이 좋아 그대로 먹거나 과자나 여러 가지 요리에 사용되며 잣죽을 끓여 먹기도 한다.

기타 열대과일류

열대우림 지대는 과일의 천국이다. 열대과일은 사과나 배 및 복숭아처럼 한 종류가 여러 가지 있는 경우도 있지만, 대부분 각자 독특한 맛을 내고 있으며 디저트에 사용되는 과일은 그 자체로도 맛에 대한 기대감을 자극한다. 오늘날에는 수출입이 자유로워지면서 열대과일이 전 세계로 퍼져 나가고 있으며 우리나라에서도 파인애플이나 바나나와 같이 친숙한 과일들이 풍부하게 유통되고 있다.

① 망고(Mango) : 망고는 열대 히말라야 원산으로 현재 열대 아시아에서 태평양제도, 열대 호주, 서인도제도, 중남미에 이르기까지 거의 모든 열대지방에서 재배되고 있으며, 타원형의 둥근 모양을 하고 껍질은 녹색에서 노란색, 그리고 붉은색을 띤다. 망고 과육은 매우 부드럽고 당도가 높으며 향도 그윽하다.

망고를 이용한 디저트

망고가 완전히 익었을 때는 건드리거나 가까이만 가도 풍겨 나오는 향을 느낄 수 있으며 질이 부드럽고 향이 좋기 때문에 대부분 생식을 한다.

망고는 과일 칵테일, 샐러드, 숏 케이크 등에 쓰이는 것 외에 통조림, 주스, 잼, 젤리, 퓌레, 셔벗 및 냉동 슬라이스 등으로 가공된다. 과육은 노란색이 선명하여 갈아서 망고소스를 만들어 디저트에 곁들이면 마치 인공색소를 사용한 것처럼 완벽한 빛깔을 낼 수 있다. 비타민A와 비타민C가 풍부하고 소화효소가 들어 있어 오리고기와 돼지고기에도 잘 어울린다.

② 파인애플 : 파인애플은 열대 각 지역에 분포되어 있으나 특히 하와이, 말레이시아, 대만, 필리핀, 오키나와 등에서 많이 재배되며 우리나라에서는 20세기 중반에 처음으로 재배되었다. 종류도 다양하고 크기도 가지가지이며 신맛과 단맛이 절묘한 조화를 이루고 주스도 풍부하다. 특히 다른 과일과 비교해 소화효소 함유량이 뛰어나 질긴 육류를 절일 때 소량 사용하면 부드러운 고기로 변화시킬 수 있다. 파인애플 가공품으로는 통조림, 주스, 파인애플 당절임, 파인애플 슬라이스 등이 있고 설탕에 절여 말린 것이나 주스 등은 디저트에 사용할 수 있다.

③ 바나나 : 대부분의 바나나는 껍질이 노란색을 띠고 있으며 다른 과실과는 달리 독특한 향이 있고, 단맛에 비해 신맛이 적다. 과실로서는 의외로 녹말이 많고 부드러우며 입맛이 좋은 특징이 있어 생식에 알맞지만 필리핀이나 태국 및 인도네시아와 같이 바나나가 많이 생산되는 국가에서는 구워서 먹기도 한다.

바나나를 디저트에 사용할 때는 그대로 사용하는 것이 일반적이나 버터나 계피 향을 곁들여 위스키나 럼주로 플람베(Flambe: 알코올이 들어간 음료 등을 이용해 음식을 내놓기 전에 불을 붙여 내놓는 것)하면 바나나의 향이 더욱 깊어지고 당도도 높아진다. 바나나는 퓌레(육류나 채소류를 갈아서 걸쭉하게 만든 것)를 만들어 아이스크림과 머핀 및 케이크에 넣어서 맛을 내기도 하며 오랫동안 보관하기 위해 말린 다음 칩을 만들어 유통시키기도 한다. 하지만 말리는 과정에서 바나나에 당이 농축되기 때문에 칼로리가 높아진다. 조리재료로써 크림과 섞거나 샐러드, 화채 등에 쓰이기도 한다.

④ 망고스틴(Mangosteen) : 망고스틴은 과일 중에서도 특이한 종류에 속한다. 껍질은 두꺼우나 껍질을 제거하면 주스가 많은 향긋한 속을 내보이게 된다. 매우 부드러우며 향기가 있고 새콤달콤한 육질은 촉감이 아이스크림 같고 산이 적어 온화한 풍미로 인하여 '열대과일의 여왕'이라고 불린다. 속을 디저트에 사용하는데 망고스틴의 즙은 동아시아에서 최상의 과일 주스로 여긴다. 그러나 가장 좋은 방법은 그대로 먹는 것인데 저장성이 나쁘고 수송이 어려워 급속 냉동된 망고스틴을 유통시킨다.

망고스틴

⑤ 멜론(Melon) : 디저트에 사용되는 멜론은 수박이나 참외와 같이 당도가 높은 것으로 에피타이저에서 염도가 높은 이탈리아 햄에 곁들이는 경우가 많다. 약간의 짠맛은 단맛과 상호보완 관계에 있으므로 한층 더 향상된 새로운 맛을 내기 때문이다. 열매는 둥글고 과육은 백색, 담녹색 및 황등색 등으로 가공하기보다는 그대로 생식하거나 아이스크림, 주스 등에 이용한다.

디저트의 종류

세계 여러 나라에서는 식사를 한 후 대부분 디저트를 즐긴다. 하지만 종류와 먹는 방법은 나라마다 다르고 매우 다양한 편이다. 한 가지 공통점이 있다면 그것은 '달콤함'이다. 그러나 현대 디저트의 경향은 달콤함에서 벗어나 설탕과 지방의 함량을 줄이고 간편하면서도 개운한 맛을 낼 수 있는 재료를 선택하는 경향이 두드러지게 나타나고 있다. 특히 지나치게 화려함보다는 실용성에 치중하고 있으며 장식을 한다 할지라도 접시 내에서 자연스러운 천연의 재료를 사용하여 효과를 내고 있는 것이 특징이다.

그 이유로 요리를 먹는 데 많은 시간을 할애할 수 없는 현대인의 바쁜 생활 패턴을 들 수 있으며 영양의 과다섭취로 인한 균형식이 요구되고 있기 때문이다. 예전에는 접시나 재료에 많은 장식을 해왔지만 현대에는 화려한 접시로 이를 대체하고, 소스는 과일의 자연색을 살리거나 생과일이 드러나 보일 수 있도록 하는 쿨리(coulies : 농도가 진한 퓌레나 소스)형 소스가 주류를 이루는 현대 디저트의 특징으로 나타나고 있다. 다시 말해 디저트의 과학화를 추구한다고 볼 수 있다.

차가운 디저트

바바루아(Bavarois)

바바루아는 차가운 디저트로 젤리와 같이 젤라틴을 이용한 것이다. 무스, 푸딩과 같이 오래 전부터 디저트의 대명사처럼 사용되고 있다.

바바루아는 설탕을 많이 사용하여 단맛이 강해 당시에는 귀족의 과자로 알려졌다. 무스나 푸딩, 젤리 등 크림 형태의 재료를 굳혀 만드는 케이크의 일종으로 무스와 비슷하게 과일 퓌레와 크림에 젤라틴과 생크림을 섞어 차게 굳힌 과자로 무스보다는 조금 무겁고 밀도가 큰 제품으로 무스와 젤리의 중간 정도이며 근세기 초, 프랑스 지방의 어느 귀족 집안 요리사가 처음 만들었다고 하며, 생크림과 젤라틴만 준비된다면 그 밖의 재료는 개인의 취향에 따라 얼마든지 다양하게 할 수 있다. 바바루아는 무스보다 부드러움이 덜한 제품이지만 부드럽고 순한 풍미가 특징이며 종류로는 달걀과 우유, 설탕으로 만드는 커스터드 크림을 굳힌 것과 생크림과 과일 퓌레를 굳힌 것이 있다. 과일이나 리큐르, 초콜릿, 커피의 독특한 맛을 살린다거나 젤리 혹은 무스와 결합하는 등 다양한 개발이 가능하므로 차별화된 디저트가 될 수 있다.

초콜릿을 이용한 바바루아

'무스'와 '바바루아'는 만드는 방법에 있어 거의 차이가 없어 한데 묶어 '무스'라 부르기도 한다. 다만 '무스'는 달걀 흰자가 주재료이고, '바바루아'에는 달걀노른자가 주로 사용되어 무스가 조금 더 가벼운 맛을 지니고 있다. 또한 사용하는 재료와 각자의 취향에 따라 원하는 맛과 모양을 만들 수 있어 얼마든지 다양한 형태로 응용이 가능하다는 것도 장점이다. '무스'와 '바바루아'의 맛을 제대로 음미하려면 냉장고에서 차갑게 굳혀 바로 먹어야 하며 실온에 오래 두면 시원한 맛이 없어지고 느끼한 맛이 강해져 제대로 된 맛을 즐길 수 없다.

무스(Mousse)

여름의 문턱에서 시원하게 즐길 수 있는 디저트로 '무스'를 생각할 수 있다. 셔벗이나 아이스크림처럼 너무 차갑지 않으면서 부드럽고 시원한 크림의 감촉이 입 안 가득 감돌아 '행복한 맛'으로 표현되기도 한다.

무스란 프랑스어로 '거품'이란 뜻을 가지고 있으며 바바루아 제품이 발전된 것으로 거품과 같이 부드럽고 혀에 닿으면 녹는 성질을 가진 일종의 냉과이다. 퓌레 상태로 만든 재료에 거품을 낸 생크림 또는 흰자를 더해 가볍게 부풀린 디저트로 무스 표면에 젤리를 입혀 마르는 것을 방지한다. 무스를 만드는 재료는 노른자와 설탕을 기본으로 우유와 과즙이 주요 수분 재료이며 흰자와 크림의 거품을 기본으로 하고 과일을 필수 사용한다. 대개 차게 식힌 상태로 먹는데 달콤한 무스는 얼려 먹을 때가 많다. 초콜릿 무스, 모카 무스는 커스터드를 주성분으로 해서 만들며 과일 무스에는 커스터드에 들어가는 우유 대신 농축시킨 과일이나 과일즙이 들어간다.

달콤한 과일을 갈아 만든 부드러운 퓌레에 설탕이나 이탈리안 시럽 등을 넣고 거품을 낸 생크림과 흰자를 더해 가볍게 부풀린 무스는 바바루아와 만드는 법이나 재료가 비슷하지만 바바루아보다 무스가 크림에 공기를 더 많이 함유하고 있어 훨씬 가벼운 느낌이 드는 과자다.

푸딩(Pudding)

푸딩은 비교적 부드러운 맛과 균질의 질감을 지닌 디저트용 음식이다. 바바루아와 상당히 동일하나 첨가재료가 다른데 미국에서 말하는 푸딩은 대부분 우유나 과일즙에 다양한 향료를 첨가시키고 콘스타치, 녹말, 밀가루, 타피오카, 쌀이나 빵, 때로는 달걀을 섞어 걸쭉하게 만든 달콤한 디저트용 음식을 말한다.

전형적인 크리스마스 푸딩

영국의 푸딩은 일반적으로 달콤한 맛이 나는 디저트용 음식을 가리키는데 미국식 디저트용 푸딩 외에 동물의 지방과 밀가루 껍질에 싸서 익힌 과일 푸딩, 부풀린 반죽을 쪄서 만든 푸딩이 있다. 설탕을 가미한 밀가루 반죽이나 페이스트리(파이 반죽)에 말린 과일이나 생과일을 섞어서 익힌 푸딩과 푸딩의 진수라고 할 수 있는 크리스마스 건포도 푸딩도 있다. 이런 푸딩은 대부분 말린 과일(원래 말린 서양 자두를 넣었으나 수백 년 전부터 건포도로 대체), 설탕에 졸인 과일껍질, 향신료, 빵가루, 다진 동물의 지방, 달걀, 브랜디나 다른 알코올 향료를 혼합하여 만든 것이다. 푸딩은 증기에 찐 것, 오븐에 굽는 것, 차게 굳힌 것으로 크게 나뉜다.

아주 부드럽고 달콤한 달걀찜 같은 푸딩에 캬라멜 소스를 얹어 따끈하게 쪄 낸 뒤 달콤한 맛을 즐기는 푸딩의 형태는 영국에서 유래되었으며 긴 항해가 많았던 당시 영국 선원들은 남은 빵부스러기와 밀가루, 달걀, 우유 등을 섞어 쪄서 먹곤 하였는데 이것이 푸딩의 시초라고 한다. 이후 푸딩은 여러 가지 제조 방법의 시도를 통해 다양한 맛으로 변신을 하게 되었고, 디저트의 개념에서 '커스터드 푸딩'이나 초콜릿 푸딩인 '푸딩 오 쇼콜라' 등이 만들어지게 되었다. 현대에 와서는 영국에서 처음 시작된 푸딩처럼 푸딩 재료에 빵이나 기타 재료들을 넣고 만든 '브레드 푸딩'이 유행하기도 하였다.

푸딩은 차게 해서 먹는 것이 일반적이나 따뜻할 때 먹어도 좋다. 유럽에서 치즈 다음으로 인기 있는 디저트가 푸딩이며 각양각색의 모양과 입안에서 녹는 부드러운 식감이 커피와 특히 잘 어울린다. 흔히 우리가 알고 있는 크리스마스 푸딩의 기원은 17세기인데 크리스마스 아침과 저녁에 식사로 먹었다고 한다. 크리스마스 푸딩은 먹기 전에 그 위에 약한 브랜디를 넣기도 하고, 보통 크리스마스 정찬 후에 먹는 것이 일반적인데 상당히 오래 두고 먹을 수 있어 영국 사람들은 대개 먹기 2~3주 전에 미리 만들어 놓았다고 한다.

샤를로트(Charlotte)

샤를로트는 원래 괴테의 소설 『젊은 베르테르의 슬픔』에 등장하는 여주인공의 이름으로 남은 과자나 빵을 가지고 만드는 영국의 과자 종류 중 하나였다. 그 과자가 18세기 말 프랑스에 전해지면서 지금과 같이 세련된 형태의 샤를로트가 만들어졌다고 한다. 샤를로트는 무스 틀에 스펀지(Sponge)나 제누아즈(Genoise: 바닐라 향, 촉촉한 끝맛이 나는 케이크 시트) 또는 건과자를 얇게 썰어 가장자리에 두르고 가운데 무스를 채워 응고시킨 디저트인데, 현대에 와서는 가장자리에 마카롱(Macaroon: 아몬드나 코코넛으로 만든 부드러운 과자)이나 비스킷 등을 붙이기도 하고 내용물에 있어서도 과거와 달리 생크림이나 삶은 과일, 과즙 굳

과일 샤를로트

흰 것 등을 가운데 채우기도 한다.

샤를로트를 만드는 방법에는 냉동하는 것과 오븐에 굽는 두 가지 방법이 있다. 전자는 젤라틴을 이용해 굳힌 것인데 일반적으로 냉(冷) 샤를로트는 과자 틀에 레이디 펭거(손가락 모양의 스펀지 케이크)를 넣고, 그 안에 아이스크림, 휘핑크림, 그리고 바바리아 크림을 채운다. 오븐에 굽는 샤를로트는 과일 샤를로트가 대표적이다. 과일 샤를로트는 과자 틀에 버터를 잘 바른 빵을 넣고 사과나 살구, 다른 과일의 걸쭉한 퓌레를 채운 다음 그 위에 빵조각을 얹어 굽는다. 그리고 주로 소스를 곁들여 따뜻한 채로 먹는다.

수플레 글라세(Souffle Glace)

수플레 글라세는 무스 반죽 또는 과일 퓌레에 이탈리아 머랭 거품을 낸 생크림을 섞어 반죽을 만들고 수플레 틀에 넣어 식혀 굳힌 것으로, 그 모양이 더운 디저트인 수플레와 비슷하다 하여 붙은 명칭이다. 만들 때는 틀에 두꺼운 종이나 비닐을 위로 올라가게 대고 그 안에 반죽을 넣어 식힌다. 바닐라 풍미가 일반적이며 그밖에 그랑 마르니에, 라스베리, 코코넛 풍미 등이 있다.

젤리(Jelly)

젤리는 한천, 젤라틴, 팩틴 등을 끓여 녹인 다음 과일, 리큐르 술, 우유, 과즙을 넣어 굳혀 만든 것으로 무스와 함께 인기 높은 디저트다. 젤리는 입에 닿는 감촉이 산뜻하고 상쾌해서 기름진 요리 뒤에 알맞다. 젤리의 강도는 농도, 냉각온도, 냉각시간에 따라 디저트로서의 품질이 달라지고, 1~2일은 냉장보관이 가능하지만 맛이 다소 떨어진다.

젤리는 연회에서 요리의 접시 장식용으로 사용되다 디저트로 발전했다. 동물의 가죽이나 힘줄, 연골 등을 구성하고 있는 천연 단백질인 콜라겐을 뜨거운 물로 처리하면 유도 단백질의 일종을 얻을 수 있는데, 이러한 단백질은 찬물에서 팽창만 하지만 반대로 온수에서는 녹아 졸(sol)이 되고, 2~3% 이상의 농도에서는 탄성이 있는 겔(gel)이 된다. 이 상태를 젤리라고 한다.

과거에는 이렇게 추출한 젤라틴을 주재료로 하고 다양한 모양의 몰드를 사용해 굳힌 다음 테이블 중앙을 장식하는 데 사용하기도 하였다. 이러한 테이블 세팅방법은 조리장들의 재능을 뽐내는 방법으로 사용되었으며 재료를 싱싱하게 보여주는 기법이기도 했다. 1840년경에는 가루로 된 젤라틴이 개발되었지만 냉장고가 가정에 보급되기 이전까지 그리 대중화되지는 못했다.

빅토리아 여왕 시기(1837~1901)에 와서는 구리로 된 젤리 몰드가 발명되면서 몰드로 찍어 낸 모양이 유행처럼 번지기 시작했고 현재와 같은 푸딩의 형태로 만들어진 것은 얼마 되지 않는다.

파이(Pie)

반죽에 충전용 마가린을 넣고 밀어 편 다음 유지의 층으로 부풀리는 제품이다. 페이스트리 반죽 속에 달콤하고 풍미 있는 혼합물을 채워 넣어 만든 음식으로 파이의 충전물로는 통조림 과일, 냉동과일, 생과일, 건조과일 등이 있다. 원래 파이란 1600년경 유럽에서 밀가루와 유지를 섞어 만든 반죽에 고기나 과일, 크림, 야채를 싸서 주식처럼 먹던 음식을 의미했지만 점차 과자로 정착되었다고 한다.

파이는 미국에서 식민지 시대 이후 계속 인기를 누려왔으며 특히 사과 파이는 전통적인 미국 가정요리의 상징이 되었다. 전형적인 미국 파이는 지름이 20~25cm, 두께가 5~8cm인 둥근 모양이며 보통 과일, 커스터드, 페이스트리 크림 같은 달콤한 충전물을 넣는다. 특별한 미국식 파이로는 피칸 파이, 전통적으로 추수감사절에 만들어 먹는 호박 커스터드 파이, 부드러운 머랭을 위에 올린 레몬 파이 등이 있다.

파이의 어원은 매그 파이(Mag Pie), 즉 까치의 습성과 관계가 있는데 까치는 쓸데없는 잡동사니를 둥지에 잔뜩 물어다 놓는 새로 유명하다. 이렇게 파이 속에 고기, 생선, 각종 야채를 섞어 뒤섞은 스튜(Stew) 형태의 파이를 브리티시 파이(British Pie)라 한

브리티시 파이

다. 또 옛날 영국과 프랑스에서 신던 신발에서 유래를 찾기도 하는데 당시의 신발은 너무 모양이 없어 장방형으로 만들어 신었다고 한다. 당시의 파이 모양도 장방형으로 신발과 비슷하게 닮아 풋 프린트(Foot Print)라 불렸는데, 그 당시 신발 이름이 파이였기 때문에 반죽을 틀에 채워 구운 것을 통칭 파이라 했다고 한다.

파이는 파이, 타르트(Tarte), 플랑(flan)으로 나누어진다. 파이와 타르트는 어떤 충전물을 넣느냐에 따라 구분할 수 있는데 보통 충전물을 한번 가공해서 반죽에 넣고 구우면 파이로 구분할 수 있고, 과일 등의 충전물을 그대로 얹어 구우면 타르트라 할 수 있다.

파이는 일정하게 밀어 편 파이 반죽을 파이 팬에 채워서 만들고, 타르트는 여러 가지 다양한 반죽을 사용하는데 대개 신선한 과일을 채운다. 플랑은 반죽을 틀에 채우고 달걀, 크림, 야채 등을 넣어 굽는 것을 말한다. 일반적으로 파이 반죽을 해서 틀에 넣고 충전물을 채우는데 1차 가공한 것을 채우면 파이가 되고, 사과를 썰어 익힌 다음 파이 반죽틀에 넣어 구우면 사과 파이가 된다. 또 신선한 과일을 썰어 파이 반죽틀에 넣으면 타르트가 된다. 유럽의 타르트는 시금치, 연어 등을 썬 후 달걀에 섞어 반죽하여 속을 채우고 오븐에서 구워 점심 식사 등에 애용한다.

우리나라의 파이는 일본을 통해 전해졌으며 파이 반죽과 퍼프 페이스트리가 따로따로 전해졌지만 우리나라로 건너오면서 퍼프 페이스트리도 파이 반죽으로 잘못 전해져 지금도 두 가지 반죽 모두 파이로 통용되고 있다. 퍼프 페이스트리는 층층이 층상 구조를 이루는 바삭바삭한 과자로 일명 퓌이타지(나뭇잎을 켜켜이 쌓은 것 같은 모양 또는 일본식 발음으로 후리타지)라 불리는 것을 말한다. 제과점에 가면 파이와 퓌이타지를 구분하지 않고 모두 파이라 부르는데 이것은 잘못된 것이며 파이 반죽과 퍼프 페이스트리의 명칭을 확실히 구분해야 한다.

파이를 만들 때는 껍질층을 제조하는 반죽이 중요하며 반죽의 필수 재료인 밀가루의 선택이 무엇보다 중요한데 밀가루의 글루텐 함량이 너무 높거나 낮아서는 안 된다. 글루텐 함량이 높은 밀가루는 물을 빨리 흡수해 글루텐을 발달시키므로 단단한 제품이 되기 쉽고 글루텐 함량이 적은 밀가루는 수분 흡수량과 보유력이 약하다.

타르트(Tarte)

타르트는 원형의 틀에 반죽을 깔고 과일이나 크림을 채워 구운 과자다. 파이와 비슷해 종종 파이로 불리기도 하는데 타르트는 보통 작게 만들며 아무 것도 넣지 않고 구운 후 나중에

귤을 이용한 타르트

속을 넣는 경우가 많다. 소형 타르트는 '타르틀레트'라 한다.

타르트의 발상지는 독일이라고 알려져 있으나 확실하지는 않다. 고대 게르만족이 태양의 모양을 본떠 하지축제 때 평평한 원형의 과자를 구운 것이 시초였다고 하며 중세에 와서 교회에서 행하는 축제 때마다 타르트 류가 등장했다고 한다. 프랑스에서 타르트가 만들어지기 시작한 것은 15세기 후반부터 16세기 후반에 걸쳐서이며 현재와 같이 인기 있는 제품이 된 것은 19세기부터라고 한다. 특히 프랑스에서 타르트가 많이 만들어졌는데 반죽으로 파트 쉬크레, 파트 퓌이테 등이 사용되며 과자의 명칭은 사용한 과일의 이름을 따서 붙이는 경향이 많았다고 한다. 타르트 오 프레즈, 타르트 오 카시스가 그 예다.

프랑스에서는 타르트를 만들 때 두 가지 방법을 이용한다. 한 가지는 반죽을 틀에 깔고 구워낸 뒤 과일이나 크림류를 채워 다시 굽는 방법이고, 또 하나는 틀에 반죽을 깔고 그 상태에서 크림류를 채우고 굽는 방법이다.

콤포트(Compote)

딸기와 오렌지를 이용한 콤포트

프랑스어로 콤포트는 '섞기'를 의미하는데 17세기 프랑스에서 유래한 후식의 일종으로 과일과 시럽으로 만들어 먹는 디저트다. 콤포트는 모든 과일을 물에 섞고 설탕과 향신료 등을 첨가해 약한 열로 따뜻하게 데워 먹는다. 시럽에는 바닐라, 레몬, 오렌지, 시나몬을 더하거나 아몬드나 코코넛을 밑에 깔기도 한다. 기본적으로 따뜻하게 먹지만 차게 하여 시원한 맛으로 먹기도 한다.

프랑스에서는 특히 아침에 콤포트를 많이 준비하는데 과일과 함께 퓌레처럼 먹기도 하고, 살구나 배를 첨가해 맛을 더하기도 한다. 또 타르트 등 다른 후식이 나오기 전에 스낵처럼 간단하게 먹는 기본 후식으로 먹기도 한다.

콤포트는 과육이 너무 익으면 힘이 없어 풀어지므로 약간 덜 익은 것이 적당하고 크기는 사과의 경우 1/4, 살구는 1/2 정도가 좋다. 부재료로 바닐라, 레몬, 오렌지 등을 곁들여 맛을 낸다.

더운 디저트(Hot Dessert)

수플레(Souffle)

수플레는 프랑스어로 '부풀리다'라는 뜻이다. 입맛이 가장 개운하며 으깬 과일이나 크림에 거품을 낸 달걀흰자만으로 만든다. 측면이 일자로 된 접시를 준비하여 버터를 접시에 바르고 설탕을 묻혀 둔다. 흰자의 거품은 끝이 곤두설 때까지 빽빽하게 올려 섞는다. 이때 흰자의 거품이 중요한데 180℃로 굽는 과정 중 여기에 공기가 스며들어 수플레 전체를 부풀린다. 부풀어 올라있는 시간이 안타깝게도 무척 짧아 제대로 부푼 수플레를 만들어 맛보기란 생각처럼 쉽지 않다.

완벽한 재료의 배합, 완벽한 온도와 시간의 조리, 완벽한 타이밍의 서브 이 세 가지 요소가 제대로 맞아야만 제대로 부푼 수플레 맛을 볼 수 있다. 만들기도 어렵고 짧은 시간 안에 먹어야만 그 매력을 느낄 수 있기 때문에 수플레는 매우 까다로운 디저트에 속하며 고급 호텔이나 고급 레스토랑에 가서 식사

초콜릿 수플레

전에 주문해야 제공된다. 만드는 기술을 터득하는 데 있어서도 훈련과 요령이 꽤 필요하지만 더운 디저트의 기본이므로 디저트 요리사라면 제조법을 꼭

익혀두어야 한다.

　외국의 식습관은 우리와 달라 디저트에 대한 개념도 우리와 다를 수밖에 없다. 프랑스의 디저트에는 대부분 설탕이 많이 들어가며 초콜릿, 아이스크림 등 매우 단것을 선호한다. 생일 축하 행사에서도 초콜릿 선물을 많이 하는데 우리와 다른 점은 제과점에서 판매되는 케이크가 계절별, 절기별, 국경일, 성탄절 등에 따라 모두 다르다는 것이다. 연중 똑같은 케이크를 판매하는 우리와는 많은 차이가 있다. 프랑스의 요리사들이 디저트를 요리와 똑같이 취급한다는 점도 다르다. 우리의 경우 제과사만 디저트를 다룰 수 있는 것으로 인식하는 경우가 많다.

크레이프(Crepe)

　크레이프의 어원은 중세 영국의 크리스프(Crisp), 크레스프(Cresp)가 와전된 것으로 프랑스에서는 파누케(Pannequet)라고도 불렀다. 크레이프와 비슷한 것으로 팬케이크(Pancake)와 이탈리아의 브리테나(Brittella), 독일의 프판쿠헨(Pfannkuchen), 프랑스의 가레트(Galette) 등이 있으며 크레이프는 '다리올'이라는 파이의 한 종류로 크로와상과 함께 16세기부터 만들기 시작했다. 유럽에서는 2월 성 축제 때 성당에서 구워 먹는 것이 일반적이었는데 17세기가 되어서야 일반화되었다.

　'실크와 같이'라는 뜻의 크레이프는 가늘게 잔주름이 가도록 구워내는 것이 특징이다. 크레이프는 마멀레이드 등 각자 자신이 좋아하는 것을 말아서 먹기도 한다. 밀가루에 달걀, 우유

바닐라를 이용한 크레이프

를 섞은 반죽을 얇고 둥글게 부쳐서 아이스크림, 버섯, 잼 등 여러 가지 재료를 넣어 먹는다.

크레이프와 비슷한 것으로 팬케이크가 있는데 열 보유력이 큰 바닥과 가장자리가 두꺼운 팬을 사용하여 만든다. 달걀에 밀가루, 우유 등을 넣고 베이킹파우더를 섞어 버터를 두른 팬에 구워내는 팬케이크는 서양 사람들의 아침식사로 많이 알려져 있는데 요즘은 우리나라에서도 많이 먹고 있다. 보통 팬케이크는 쉽게 만들기 위해 베이킹파우더를 넣고 만들지만 우리나라에서는 거품을 낸 달걀로 만드는 방법을 많이 사용한다. 달걀의 거품을 내서 만든 것은 조직이 다소 치밀하고 폭신한 편이며 베이킹파우더 냄새가 나지 않아 좋다. 팬케이크에는 시럽을 곁들이는 것이 일반적인데 주로 캐나다의 메이플 시럽을 이용하고 있다. 하지만 단맛이 강한 메이플 시럽을 올리는 것보다 과일조림이나 생크림 등 다른 여러 가지 재료들을 곁들여 먹는 것이 더 맛이 좋다.

팬케이크는 정확히 언제부터 먹었는지 알려져 있지 않지만 백여 년 전 모피 무역상들의 거점으로 이용되었던 캐나다의 한 지역 이름이 그들의 주요 저녁 식사 메뉴였던 팬케이크를 따서 만든 '팬케이크 베이'라는 점을 볼 때 오랜 역사를 가진 것으로 추정해 볼 수 있다.

또 우리가 잘 알고 있는 크레이프 수제트(crepe suzette)라는 이름의 유래가 재미있는데 황태자 에드워드의 요리장인 헨리 카펜터(Henry Carpenter)라는 사람이 어느 날 황태자의 식사를 준비하던 중 크레이프의 소스를 만들다 실수를 해 리큐르(과일로 만든 단 술)를 엎질렀는데 소스에 불이 붙어 음식을 버리게 되었다. 하지만 헨리는 시간도 없고 해서 그냥 그 소스에 크레이프를 집어넣고 황태자 에드워드에게 제공하였다. 그런데 에드워드 황태자는 그 맛의 진기함에 놀랐고, 그날 파티에 동석한 수제트 부인의 마음을 사기 위해 부인의 이름을 따 크레이프 수제트라고 명명하였다고 한다.

그라탱(Gratin)

그라탱은 고기나 생선, 달걀, 야채, 마카로니 등을 섞고 조미한 소스를 친 후 가루 치즈와 빵가루를 뿌려 오븐에서 노릇노릇하게 구워 낸 서양 요리로 과일에 사바용 소스를 곁들여 오븐에서 색을 낸다. 소스를 잘 만들어야 좋은 과일 그라탱 요리를 만들 수 있다.

플랑베(Flambe)

플랑베는 불어로 '불꽃, 화염, 태운, 구운'의 뜻이 있는데 생선이나 고기에 브랜디 등을 넣고 불을 붙여 그 향이 배도록 한

불을 이용해 만드는 플랑베

음식이다. 플랑베는 보통 프랑스 식당에서만 제공되는데 코냑을 사용해야 제맛이 나고 포도주 소스와 잘 어울린다. 크레이프 수제트에 주로 사용되기도 한다.

비스퀴(Biscuit)

밀가루를 주원료로 해 당류 및 유지류, 팽창제 등을 첨가해 일정 모양으로 성형한 뒤 오븐에 구워 다공질화 시킨 과자다. '비스퀴'는 라틴어인 비스(bis: 2회)+퀴(cuit: 굽다)에서 유래한 용어다. 즉, 두 번 구운 가벼운 비스킷 류의 과자를 뜻한다. 그러나 현대에 와서는 부드러운 스펀지(sponge: 달걀, 설탕을 잘 섞어 밀가루를 넣고 반죽한 가벼운 스펀지케이크)를 말한다.

비스퀴 글라세(Biscuit Glace)

아이스크림의 하나로 비스퀴 반죽처럼 달걀, 설탕을 잘 섞어 열을 주어 거품 낸 반죽으로 만든다 해서 붙여진 이름이다. 구워 낸 비스퀴에 아이스크림을 바르거나 샌드한 것도 비스퀴 글라세라 한다.

비스킷 류

비스킷(Biscuit)

소형 건과자, 흔히 쿠키라고 한다. 비스킷은 라틴어인 '비스콕투스(biscoctus: 2번 굽다)'에서 비롯된 말로 바삭바삭한 과자를 뜻한다. 미국에서 비스킷은 밀가루를 주원료로 해 당류 및 유지류, 팽창제 등을 첨가해 만든 스콘과 같은 소형 빵, 그리고 하드 비스킷만을 가리키고 그 밖의 건과자는 쿠키라 부른다. 비스킷의 종류에는 하드 비스킷과 소프트 비스킷이 있다.

비스킷의 기본 반죽은 쇼트 페이스트(Short paste: 깔개용 파이 반죽)로 하는데 하드 비스킷은 설탕과 유지의 배합률을 낮추고 중력분을 사용하여 딱딱하고 담백하게 만든다. 그래서 표면에 광택이 나고 구멍이 많다. 반면 소프트 비스킷은 설탕과 유지의 배합률을 높이고 박력분을 이용하여 잘 부풀고 맛이 부드러우며 표면에 광택이나 구멍이 없다.

쿠키(Cookie)

밀가루나 버터, 설탕, 달걀 등을 섞은 반죽에 초콜릿이나 오트밀, 건포도, 땅콩, 버터 등과 같이 다양한 향과 맛을 내는 재료들을 첨가하여 여러 가지 모양으로 구워 낸 작은 서양식 과자다. 미국의 작고 납작한 비스킷이나 케이크, 프랑스의 푸루 세크(불어: Four Sec)에 해당한다. 미국에서 말하는 쿠키는 영국에서 비스킷이라 불린다. 일본에서 비스킷이란 수분과 지방 함량이 낮은 밀가루 위주의 건과자를 가리키고, 쿠키는 밀가루 위주의 비스킷 류와 수분과 지방함량이 비스킷보다 높은 건과자, 그리고 아몬드 같은 견과류를 위주로 한 마카롱 류, 달걀의 흰자를 위주로 한 머랭까지를 모두 포함한다.

① 절단 형태의 쿠키(Cut Out Cookies)

· 밀어펴기 형태(Sheeting Roll Type): 반죽형 쿠키 반죽을 제조한 뒤 밀대로 밀어 펴고 각종 성형기를 사용해 반죽을 찍어내어 철판에 옮겨 굽는 형태의 쿠키다. 다른 쿠키에 비해 액체 재료를 적게 사용하는 편이다.

· 냉동 형태(Ice Box Type): 반죽형 쿠키 반죽을 제조한 뒤 냉동시키는 것으로 냉동시키지 않으면 작업이 곤란하고 성형하기도 어렵다. 유지 함량이 많은 반죽은 이 방법으로 만들며 냉장고에서 꺼낸 즉시 작업하는 것이 좋다.

② 짜는 형태의 쿠키(Bagged-Out Cookies)

반죽형 또는 거품형 쿠키의 반죽을 제조한 뒤 짤주머니를 이용해 짜 내어 구운 과자다.

③ 손으로 만든 쿠키(Hand Making Type Cookies)

반죽형 쿠키 반죽을 제조한 뒤 손으로 성형해 만든 쿠키로 구슬형, 스틱형 등이 있다.

④ 판에 등사하는 방법의 쿠키(Stencil Type Cookies)

묽은 상태의 반죽을 이용하는 것으로 얇은 틀을 철판에 올려놓고 주걱을 사용해 철판 윗면에 흘려 만드는데 매우 얇고 바삭바삭한 쿠키가 된다.

케이크(Cake)

케이크는 '편평한 빵'이라는 의미에서 나온 단어로 밀가루, 달걀, 버터, 우유, 설탕 따위를 주재료로 하여 만든 서양과자를 통틀어 이르는 말이다. 케이크는 슈, 타르틀레트 같은 소형과자에서부터 타르트 같은 대형과자에 이르기까지를 모두 가리키는 명칭이기도 하다. 케이크의 종류는 대략 다음과 같이 나눌 수 있다.

① 크리스마스 케이크

크리스마스 케이크는 예수의 탄생을 축하하는 마음으로 만들어 먹는 케이크로 건포도, 아몬드 등의 과실을 사용하여 만든 파운드케이크 시트 위에 크리스마스용 장식을 주로 사용한다. 중세 시대에는 크리스마스 때마다 레이어 케이크, 과일 케이크, 허니 케이크를 만들었고 그 위에 예쁜 장식을 곁들이는 풍습이 있었다.

② 치즈 케이크

치즈 케이크는 치즈의 진한 맛을 그대로 살린 케이크로 기원전 1세기 경 고대 그리스에서 염소의 치즈에 꿀과 밀가루를 섞어 구운 것이 기원이라 한다. 모양이 단순하고 소박하며 종류가 많다. 치즈 케이크는 오스트리아, 스위스, 독일 등에서는 과자의 한 종류이기도 하다. 주로 사용되는 치즈에는 내추럴 치즈, 프로세스 치즈, 분말 치즈에서 크림치즈까지 여러 종류가 있다. 사용되는 치즈의 종류와 굽는 방법에 따라 제조 방법이 달라지며 굽는 것 이외에 차갑게 하여 굳혀 먹는 치즈 케이크도 있다.

③ 초콜릿 케이크

초콜릿 케이크의 본고장은 빈이며 자하 토르테(Sacher torte: 빈의 전통 초콜릿 케이크)를 시작으로 오페라 등 초콜릿 케이크의 종류 및 맛은 실로 다양하다. 금박 종이로 장식한 오페라는 프랑스와 빈의 오페라 장소에서 만든 초콜릿 디저트 케이크다.

④ 과일 케이크

과일 케이크는 영국에서 만들기 시작했다고 하며 퀸 엘리자베스 1세도 스스로 만들어 먹었다고 한다. 한때 세계를 지배한 대영제국의 영광을 느끼게 하는 케이크로 식민지에서 모은 풍부한 과실이나 나무 열매, 계피나 세이지(sage: 약용식물의 일종) 등의 스파이스로 만든다. 13세기 경 향신료를 넣어 만든 것이 그 시작이라고도 전해지는데, 홍차와 함께 먹으면 더욱 맛이 좋다고 한다. 퀸 엘리자베스 1세가 손으로 만든 과일 케이크에

곁들였던 것도 역시 홍차였
다고 한다.

⑤ 시폰(Chiffon) 케이크

시폰 케이크

시폰 케이크는 미국의 대
표적인 케이크로 프랑스어
시폰(chiffon)에서 유래된 이
름이다. 가볍고 유연한 견직
물인 시폰 재질의 특성을 빗대어 우아하고 미묘한 맛이 난다고
하여 붙여진 이름이기도 하다. 시폰 케이크는 홍차, 녹차, 커피
등의 재료를 넣은 것으로도 유명하며 구운 후 생크림으로 마
무리 한다. 차와 생크림이 잘 어울려진 시폰 케이크에는 차의
향과 생크림의 부드러움이 가득해 여성들에게 인기 있는 디저
트 제품 중 하나다.

⑥ 롤 케이크

각종 스펀지 시트에 잼이나 크림 또는 가나슈 크림을 바르
고 말아 올린 과자의 총칭이다. 롤 케이크용 스펀지의 반죽은
말기 쉽도록 얇고 부드럽게 구워야 하며, 구워낸 시트를 종이나
천 위에 올린 후 크림을 바르고 들어 올려 롤 상태로 만든다.
롤 케이크는 특히 우리나라에서 선물용으로 인기가 있다.

⑦ 버터 케이크

버터 케이크 반죽은 버터, 설탕, 달걀, 밀가루 등으로 만들어지며 이러한 종류의 반죽을 통틀어 버터 반죽으로 분류한다. 버터 케이크 반죽은 버터의 양이 많고 일반적인 제조법과 달라 촘촘하고 묵직한 느낌이 들어 보존하기 좋은 것이 많다. 버터케이크 반죽은 주로 유지의 크림성(유지를 혼합할 때 공기를 포괄하는 성질)을 이용해 만드는 것으로 부풀림이나 탄력성이 적어 베이킹파우더를 이용해 반죽의 팽창을 돕게 한다.

버터케이크의 기본 배합은 버터, 설탕, 밀가루, 달걀이고 네 종류의 재료를 같은 양으로 배합한다. 영국의 파운드 케이크도 이렇게 네 종류의 재료를 1파운드(457g)씩 사용해 만들었다고 하여 파운드 케이크라 불린다.

⑧ 엔젤(Angel) 케이크

엔젤 케이크는 이름 그대로 '천사의 케이크'란 뜻으로 미국의 특별한 케이크 중 하나다. 보통 굽는 과자에는 전란을 사용하지만 엔젤 케이크는 흰자만 사용해 굽기 때문에 구운 과자의 단면이 흰색이다. 여기에 버터 크림이나 설탕을 첨가해 거품을 올린 생크림으로 표면을 하얗게 마무리한다.

⑨ 데블스 푸드(Devil's Food) 케이크

데블스 푸드 케이크는 초콜릿색으로 흰 엔젤 케이크와 대조적이기 때문에 붙은 이름이다. 미국식 초콜릿 케이크라 할 수 있으며 유럽식과는 달리 분유와 쇼트닝, 베이킹파우더를 사용해 만든다.

⑩ 옐로 케이크

달걀노른자를 풍부하게 배합한 노란색 케이크로 보통 버터 케이크를 가리키며 파운드 케이크나 슬래브 케이크처럼 색이 노란 것도 옐로 케이크라 부른다.

⑪ 던디(Dundee) 케이크

스코틀랜드 동해에 위치한 던디 지방에서 처음 만들어졌다고 하여 붙은 이름으로 흑설탕과 과실을 충분히 넣어 독특한 맛을 낸 케이크다. 영국에서는 차를 마시는 시간(afternoon tea)이라 하여 향이 진한 홍차와 집에서 만든 케이크를 함께 먹으며 오후를 보내는 전통이 있다. 이때 차와 함께 비스킷, 머핀, 스콘, 버터 케이크 등 여러 가지 과자를 만들어 먹게 되는데 버터 케이크 중 가장 대표적인 것이 던디 케이크다.

⑫ 허니 케이크

꿀을 사용한 케이크로 가장 일반적인 허니 케이크는 정향, 시나몬, 레몬 껍질, 아몬드를 더한 보존성이 높은 과자로 영국의 허니 케이크, 허니 아몬드 케이크, 허니 월넛 케이크, 허니 비스킷, 허니 진저 케이크 등이 유명하다.

푸르 세크(Four Sec)

푸르는 '오븐', 세크는 '마른 것'을 가리키는 용어로 건과자를 가리키는 쿠키류의 총칭이다. 크기가 작은 것은 '작다'라는 뜻을 가진 쁘티(petit)를 붙여 쁘티 푸르 세크라 한다.

몽블랑(Mont-Blanc)

몽블랑은 프랑스 알프스 산맥 최고봉의 이름이다. 이 몽블랑을 이미지화하고 밤을 사용해 만든 과자가 몽블랑이다. 유럽에서는 밤 수확량이 많아 교통이 불편한 지역에서는 보존이 좋은 밤을 주식으로 할 정도였다고 한다. 또 밤은 프랑스인에게 있어 전통적인 음식이며 가을이 되면 '마론슈·마론슈인'이라고 하여 노상에서 밤을 구워 파는 사람이 많았다고 한다.

19세기, 밤의 산지로 알려진 남프랑스의 안데스 지방에서 밤을 체로 걸러 만든 크림이 처음 고안되었다. 이 크림으로 만든 케이크가 바로 몽블랑이다. 프랑스에서 파는 밤의 색은 청색이나 흑색이고 가만히 보면 몽블랑의 토지 색깔과 비슷하다. 생크림을 정상 부분에 짜는 것은 몽블랑 산의 만년봉을 이미지화한 것이다.

몽블랑이라는 이름이 붙은 과자는 통상 밤을 넣어 만들어지며 프랑스인들은 몽블랑의 밤이 건포도나 럼주와 잘 어울린다는 사실을 발견하고 이러한 재료들을 함께 섞어 사용함으로써 그 맛을 더욱 뛰어나게 만들었다.

티라미수(Tirami su)

티라미수는 이탈리아의 디저트로 1980년대 후반부터 한국과 일본 등지에서 유행하기 시작했다. 스푼으로 떠먹을 수 있는 티라미수는 에스프레소 커피에 적신 비스퀴를 기본으로 하고 이탈리아의 롬바르디아 지방에서 만들어지는 치즈를 사용한다.

티라미수(Tirami su)는 이탈리아어로 '끌어올리다'라는 뜻의 'tirare', '나를'의 'mi', '위로'의 의미를 가진 'su'가 합쳐진 단어로 즉, '나를 위로 끌어올리다'라는 뜻이 된다. 기분을 좋게 만들고 건강하게 해준다는 의미를 담고 있다 할 수 있다. 또 다른 설로는 18세기 베네치아의 밤거리에서 연인들이 데이트를 즐기기 위해 영양 보급 차원에서 즐겼던 디저트였다고도 하고, 티라미수에 들어 있는 에스프레소 커피의 강한 카페인이 흥분을 주기 때문에 이렇게 이름 지어졌다고도 한다.

마카롱(Macaroon)

유럽 대부분의 제과점에서 마카롱은 흔하게 볼 수 있는 제품이다. 아몬드, 설탕, 달걀흰자를 기본 재료로 한 마카롱은 매우 단순한 모양의 과자지만 오븐의 온도 등에 주의를 기울이지 않으면 제대로 된 제품을 만들 수 없다. 특히 현대에 와서는 설탕, 달걀흰자, 가루나 반죽 형태의 아몬드, 코코넛 등으로 작고 둥글게 짜내어 구워 만드는 쿠키 또는 작은 케이크를 마카롱이라 부르며, 주로 박력분(薄力粉: 무른밀로 만들어 단백질 함량이 적

코코넛으로 만든 마카롱

은 밀가루)으로 반죽을 하고 바닐라와 소금으로 향미를 낸다. 다 된 반죽은 반죽 주머니에 넣어 쿠키판 위에 둥글게 짜놓는다. 굽기 전에 다진 아몬드, 호두, 건포도, 체리 조각으로 장식을 한다. 마카롱 부스러기는 종종 아이스크림이나 파이, 푸딩에 첨가되기도 한다.

마카롱의 발상지는 이탈리아지만 프랑스로 전해진 것은 앙리 2세 때인데 이탈리아의 카트린 공주가 프랑스의 앙리 2세와 결혼하면서 그녀가 데려간 요리사에 의해 보급되었다고 한다. 그 후 프랑스 곳곳에 퍼져 나간 마카롱은 프랑스 남부의 브르따뉴 지방에 있던 어느 수녀원에서 수녀들에 의해 더욱 활발하게 만들어졌다고 한다. 당시 수녀들에 의해 만들어진 마카롱은 오늘날과 같이 샌드한 형태가 아니고 원형의 형태로 '쇠르 마카롱(Soeurs Macarons)'이라 불렸다. 주로 수도자들을 위해 만들어지던 쇠르 마카롱이 수녀원의 높은 담을 넘어 세상에 선보인 계기는 유럽 전쟁이었다. 전쟁 중 수녀들은 낭시 지방의 어느 귀족의 보호를 받아 낭시성에 숨었고 전쟁 중 이들이 만든 마카롱이 프랑스 전역으로 보급되어 프랑스인의 구미에 맞는 마카롱으로 인기를 끌었다고 한다.

이후 샌드한 형태의 마카롱이 만들어져 마카롱 파리쟝

(Macarons paris-jean)으로 불리었다고 하며, 그 후 마카롱은 유럽 각지에서 비슷한 유형의 과자로 만들어졌다. 독일에서 마크로네(Markrone)라 불리는 과자도 마카롱의 일종이라 할 수 있으며 기타 유럽 여러 나라에서도 이와 비슷한 종류의 과자를 많이 볼 수 있다. 그러나 어느 제품이든지 그 지역 특성에 맞춰 정착하게 되는데 프랑스의 마카롱은 그대로 발전해 과자의 한 장르를 형성하고 있다.

머랭(Meringue)

머랭은 거품을 많이 낸 달걀흰자와 설탕을 섞어 모양깍지로 짜내어 살짝 구운 것으로 푸르 세크의 일종이다. 주로 과자와 디저트에 많이 쓰이며 1720년에 가스파리니(Gasparini)라는 스위스 과자 요리사가 개발했다. 머랭은 작은 과자로 그냥 먹기도 하며 과일, 아이스크림, 푸딩의 껍질을 싸거나 위에 얹어 먹기도 한다. 반죽주머니에 내용물을 넣고 굽기판 위에 모양을 짜낸 다음 낮은 온도의 오븐에서 서서히 구우면 갈색이 되지 않고 상아색 그대로 남는다.

머랭

다쿠아즈(Dacquoise)는 견과류를 갈은 것과 옥수수 전분을 넣어 만든 머랭이다. 설탕을 뜨거운 시럽으로 만들어 넣은 이탈리아식 머랭은 주로 푸딩과 아이스크림 위에 얹어 먹는다. 부드럽고 촉촉한 미국식 머랭은 특히 레몬크림 같은 파이 위에 얹는다. 미국에서 유명한 머랭 디저트 중 하나는 알래스카 과자인데 딱딱하게 언 아이스크림 덩어리를 스펀지케이크 위에 놓고 머랭 반죽으로 덮은 다음 뜨거운 오븐에서 갈색이 되게 재빨리 굽는다. 이렇게 하면 아이스크림은 언 상태로, 머랭은 따뜻한 상태로 먹을 수 있다.

머랭을 만드는 방법에는 대략 다음의 네 가지가 있는데 일반적으로 사용되는 일반법 머랭, 가열하는 가온법 머랭, 스위스 머랭, 시럽을 넣어 만드는 이탈리안 머랭으로 구분한다. 만드는 방법에 따라 약간 차이는 있겠지만 보통 흰자와 설탕의 비율은 1:2다.

① 일반법 머랭(Cold Meringue) : '프랑스 머랭', '콜드 머랭'이라고 부르며 달걀흰자에 설탕을 소량씩 투입하며 만든다. 보통 스펀지케이크 등에서 주로 사용하며 머랭이 비교적 안정적이지 않아 빠른 시간 내에 작업해야 한다.

② 가온법 머랭(Hot Meringue) : 흰자와 설탕을 43도로 가온한 후 기포를 올리는 방법이며 머랭의 결이 곱고 무겁다. 머랭 반죽 자체가 열을 갖고 있어 표면이 건조되기 쉽고 모양이 흐트러지지 않는다. 따라서 머랭 세공품이나 마카롱 같은 쿠키에 적합하다.

③ 스위스 머랭(Swiss Meringue) : '가온법 머랭'이라고도 부른다. 달걀흰자와 설탕 일부로 가온 머랭을 만들고 나머지 흰자와 설탕으로 일반 머랭을 만들어 혼합한다. 구우면 광택이 나고 하루가 지나도 사용이 가능하다.

④ 이탈리안 머랭(Italian Meringue) : 이탈리안 머랭은 '시럽법'이라고도 부른다. 물에 설탕을 넣고 114~118도로 끓여 시럽을 만든 후 달걀흰자에 조금씩 넣으면서 기포를 올리는 방법이다. 살균이 되므로 고온 다습한 지역에서 적당하다. 이탈리안 머랭은 부피가 큰 대신 결이 거칠고 주로 무스, 버터크림, 커스터드 크림 등에 사용한다.

슈(Choux)

슈는 동그랗고 작은 반죽에 크림을 더해 입에 넣었을 때 사르르 녹는 슈크림이다. '슈'가 원래 이름이지만 우리나라를 비롯한 일본, 대만 등에서는 주로 슈크림이라 부르고 미국에서는 퍼프 크림(Puff cream)이라고 부른다.

슈는 프랑스어로 양배추를 뜻하는데 막 구워냈을 때 표면에 생긴 균열과 부푼 형태가 양배추의 모양과 비슷하다 하여 붙여진 이름이다. 슈에 들어가는 크림은 주로 커스터드 크림을 사용하는데 최근엔 설탕을 첨가한 생크림을 넣기도 한다.

슈는 18세기 경 어느 기술자가 처음 만들었다고 한다. 커다란 파이반죽을 구웠는데 겉은 잘 구워졌으나 속 반죽이 덜 구

크림 퍼프

워진 것을 보고 안타까운 마음에 달걀을 혼합해 다시 오븐에 구웠고 이것이 슈 반죽이 되었다고 한다. 보통 동그랗고 작은 모양의 슈를 많이 만들지만 반죽을 이용해 여러 가지 모양의 슈를 만들 수 있을 뿐만 아니라 프랑스에서는 슈를 구워 웨딩 케이크를 만들기도 한다.

슈는 가열한 냄비에 버터와 물을 넣어 끓이면서 밀가루와 달걀을 넣어 반죽을 만들고 작고 동그란 모양으로 짜서 구워 낸다. 이때 불에 올려놓고 반죽하는 이유는 수분을 증발시킴으로써 버터와 달걀이 잘 섞일 수 있게 하기 위해서다. 잘 구워낸 슈는 옅은 갈색을 띠며 바삭한 표면과 가볍고 텅 빈 속을 가진다. 슈는 전채 요리 혹은 디저트로 사용되는데 보통 커스터드 크림이나 휘핑한 생크림을 채우고 윗면을 초콜릿이나 퐁당(Fondant: 식힌 시럽을 휘저어 섞은 뒤 설탕을 부분적으로 결정시켜 희고 뿌연 상태로 만든 것)으로 아이싱하기도 한다. 모양에 따라 크림 퍼프(Cream puffs), 에클레어(Eclairs), 프로피토롤(Profiteroles) 등으로 불린다.

슈 아 라 크렘 (Choux a la Creme)

슈 껍데기에 크림을 채워 넣어 만든 서양과자다. 흔히 슈크

65

림으로 불린다. 슈 아 라 크렘은 차게 해서 먹으면 더욱 맛있고 부드러우며 바삭한 슈 껍데기 속에서 씹히는 크림의 차가운 맛이 일품이다. 입 속에 녹아드는 달콤한 맛은 먹어본 사람만이 느낄 수 있을 것 같다. 대체로 슈는 여름에 시원하게 해서 먹으면 좋지만 겨울에 먹어도 색다른 맛을 제공한다.

마들렌(Madeleine)

마들렌은 맛있는 프랑스의 티 케이크로 주로 가리비 조개껍질 모양의 팬에 구워낸다. 따라서 조개 모양을 하고 있으며 작고 가벼운 스펀지케이크로 커피나 차에 곁들여 먹기도 한다. 주로 밀가루, 달걀, 설탕, 버터, 쇼트닝 등을 배합해 반죽을 만들고 마들렌 틀에 넣어 굽는다. 달걀과 유지를 많이 사용해서 연하고 가볍게 만든 것이 고급품이다.

마들렌의 기원은 확실하지 않다. 하지만 7월 22일은 '성녀 마들렌의 날'로 작은 조개 모양으로 생긴 귀여운 마들렌 과자를 만들어 수확의 기쁨을 축하하고 성녀 마들렌에게 감사하는 날이다. 흔히 마들렌은 여기서 유래되었다고 전해지지만 사실

마들렌

이름에 얽힌 유래는 여러 가지가 있다.

마들렌의 이름은 1700년대 중반 마들렌을 만든 페로탄드 발몬 부인의 요리사, 마들렌 포르미에의 이

름을 붙인 것이 정설로 되어 있다. 또 다른 유래로 프랑스 루이 15세의 황비 마리 레크친스카의 이야기가 있다. 그녀의 이름에서 알 수 있듯이 마리는 폴란드 출신이었는데, 결혼 후 남편 루이 15세는 폼파드르 부인에게 빠져있었고 폼파드르 부인의 입김이 정치에까지 영향을 미치고 있었다고 한다. 상대적으로 왕비의 영향력은 아주 보잘 것 없는 것이었는데 이 사실을 알게 된 마리 레크친스카의 아버지, 폴란드의 왕 레크친스카는 딸에게 여러 가지 맛있는 파이 요리와 케이크를 보냈다. 마리의 남편인 루이 15세에게 이 달콤한 요리들을 먹게 해 왕의 마음을 딸에게 돌려보려 한 것이다. 이때 레크친스카 왕이 추천한 과자 중 하나가 바로 마들렌이었다. 아버지의 정(情)과 이 맛있는 과자에 감탄한 마리 왕비는 본가의 과자 만드는 하인이었던 마들렌의 이름을 따 과자의 이름을 지었다고 한다.

브라우니(Brownie)

브라우니는 아몬드나 땅콩, 그리고 초콜릿 들어 있어 약간 검은빛을 띄는 고급 케이크의 일종이다. 맛과 영양, 그리고 특유의 질감을 골고루 갖춘 케이크로 많은 사람들의 사랑을 받고 있는 브라우니는 원래 영국 과자였는데 미국에 전해지면서 더 많은 인기를 얻게 되었다.

브라우니라는 이름은 브라우니를 만들었을 때 갈색을 띠고 있다 해서 붙여진 이름이라고도 하며, 또 다른 이름의 유래로는 영국과 스코틀랜드의 민담에 나오는 요정의 이름을 빌렸다

브라우니

는 설도 있다. 작고 부지런한 브라우니 요정은 사람들의 눈에 거의 띄지 않는데 밤에 청소를 하거나 집안일을 하는 소리가 자주 들리기도 하였으며 어떤 때는 장난을 치느라 방을 어지럽히기도 했다고 한다. 브라우니 요정은 특히 크림이나 빵, 우유 등을 좋아해 브라우니 요정의 몫으로 빵과 우유 등을 따로 남겨두는 사람들도 있었다.

브라우니를 만들기 위해서는 일단 버터와 단맛이 적은 초콜릿을 잘 녹여 식힌 후 달걀에 소금을 넣고 거품을 만들어 설탕과 바닐라 향을 조금 넣고 크림 상태가 되도록 만들어 준다. 그리고 밀가루를 체에 쳐 섞고 기름을 바른 네모난 팬에 담아 오븐에 구워 만든다. 식으면 보통 사각형으로 잘라 먹는다. 아이스크림이나 크림을 얹어 먹기도 하며 피칸(peacans)을 다져 섞기도 한다. 미국에서는 견과류, 특히 호두를 써서 바삭한 맛을 더한 것이 인기가 있다.

와플(Waffle)

요즘 거리에서도 흔히 볼 수 있는 와플은 참 슬픈 유래를 가지고 있다. 와플은 약 2000년 전 중국에서 처음 만들어졌다고 알려져 있는데 당시의 재료는 밀가루와 버터가 아닌 쌀이나 콩 등으로 만든 팬케이크에 가까운 형태였다고 한다. 와플의 또다른 기원은 중세 시대로 추정하고 있다. 14세기 중반 유럽에서 시작되어 영국·프랑스·독일·네덜란드·벨기에 등 각국으로 퍼져 나가기 시작했는데 1600년대 미국에 소개되면서 비로소 와플이라는 이름을 얻었다고 한다.

이러한 와플에 큰 변화가 생긴 것은 영국에서다. 영국의 한 조그만 식당 요리사가 그릴 위에 스테이크와 와플을 올려놓고 동시에 굽고 있었는데 고기를 연하게 하려고 막대기로 고기를 두드리고 있었다고 한다. 그러다 부인이 말을 걸어 와 부인을 보면서 계속 막대기로 두드렸는데 나중에 보니 그가 지금껏 두드린 것은 고기가 아니라 와플이었다. 결국 모양이 울퉁불퉁하게 된 와플이 나왔는데 와플에 홈이 잔뜩 패여 시럽을 올려도 흐르지 않을 거라는 아이디어가 떠올랐고 요리사는 아내에게 이 아이디어를 전했다. 하지만 운명의 장난으로 요리사는 자신의 아이디어를 전하자마자 넘어져 그만 세상을 떠났고, 부인은 이 아이디어를 제임스라는 사람에게 팔았다. 제임스는 홈이 패여 있는 와플로 큰돈을 벌었지만 이어 우후죽순으로 생겨난 다른 식당에서 더 싼 가격으로 같은 와플을 팔기 시작해 결국 가게 문을 닫을 수밖에 없었고 결국 무일푼으로 거리에서 죽음을 맞이했다고 한다.

와플은 보통 다음과 같이 만드는데 먼저 밀가루 박력분에 베이킹파우더와 소금을 섞어 체에 친 다음 달걀노른자와 설탕을 넣고 거품기로 잘 저어 거품을 내고 여기에 우유를 넣는다.

벨기에식 와플

그리고 달걀흰자를 따로 거품 내어 섞고 체에 친 밀가루를 넣어 묽게 반죽을 한다. 잠시 시원한 곳에서 반죽을 숙성시킨 후 버터를 바른 와플 틀에 넣고 굽는다. 다 구워지면 두 장 사이에 잼이나 시럽, 크림 등을 발라 뜨거울 때 먹는다.

와플은 바삭하고 가벼운 과자의 형태로 아침식사 뿐만 아니라 디저트로도 인기가 높다. 또 종류도 매우 다양한데 크게 벨기에식 와플과 미국식 와플 두 가지로 나뉜다. 벨기에식 와플은 전통적으로 이스트를 넣어 발효시킨 반죽에 달걀흰자를 넣어 구운 것이다. 빵 자체는 달지 않기 때문에 신선한 과일과 휘핑크림 등을 얹어 먹는다. 반면 미국식 와플은 이스트 대신 베이킹파우더를 넣어 반죽하고 설탕을 많이 넣은 뒤 시럽을 뿌려 달게 먹는 것이 특징이다. 우리가 커피와 함께 아침 식사 또는 브런치로 많이 먹는 것은 미국식 와플이다.

빙과류

파르페(Parfait)

파르페는 '완전한, 완벽한'이라는 뜻으로 달걀노른자에 시럽

바닐라와 과일을 이용한 파르페

을 더하고 거품을 낸 생크림 또는 양주 등을 섞은 고급 크림 반죽에 잘게 썬 과일이나 초콜릿 크림 등을 번갈아 넣고 윗부분을 장식해 스푼으로 섞어 가며 먹는 빙과다. 주로 틀에 넣거나 담아 동결시켜 만든다.

아이스크림의 한 종류이긴 하지만 우유 대신 수분이 적고 지방이 많은 생크림을 사용하기 때문에 아이스크림보다 부드럽고 감칠맛이 난다. 생크림을 거품 내어 더하므로 작은 기포가 안정적으로 포함되어 있어 아이스크림이나 셔벗처럼 휘저어 섞으면서 얼릴 필요가 없다. 파르페에는 다양한 종류가 있는데 가장 기본이 되는 파르페는 '파르페 아 라 바니유(Parfait a la Vanilla: 바닐라 파르페)'다. 파르페에 양주나 과일 퓌레, 초콜릿 등을 더하면 색다른 맛을 느낄 수 있다.

셔벗(Sherbet)

셔벗의 유래는 알렉산더 대왕과 관련이 있다. 알렉산더 대왕이 페르시아를 공격할 당시 병사들이 일사병으로 쓰러지는 일이 벌어졌다고 한다. 이를 안타깝게 여긴 알렉산더 대왕은 산에 가서 만년설을 가져오게 하였고 여기에 과일즙을 섞어 마시게 했는데 이것이 셔벗의 시작이었다고 한다. 셔벗이란 용어는 얼음과일 음료를 일컫는 페르시아어 샤르바트(sharbat)에서 유래

스트로베리 셔벗

된 것으로 알려져 있다.

과일즙을 이용한 셔벗은 주로 여름에 즐기는 디저트로 과일시럽과 양주를 섞은 뒤 얼려 만든 것인데 아이스크림에 비해 많이 달지 않고 깨끗한 뒷맛이 특징이다. 셔벗은 설탕, 물, 과일산, 과실 및 과실 향료, 안정제를 주원료로 하여 냉동시키는데 진한 풍미보다 청량감이 우선한다는 점에서 통상적인 아이스크림과 구별된다. 질감을 좋게 하기 위해 달걀흰자나 젤라틴을 첨가하며 포도주나 리큐어로 향미를 돋우기도 한다.

프랑스에서는 셔벗을 소르베(Sorbet)라 하고, 이탈리아에서는 '그라니타'라고 부르는 워터 아이스(water ice)와 그 형태가 비슷하나 유제품이 들어가지는 않는다. 최근에는 복잡한 식사 코스 사이에 입맛을 산뜻하게 하기 위해 셔벗이나 소르베를 내놓는 경우가 많다.

아이스크림(Ice Cream)

아이스크림과 관련해서는 고대 왕족들이 높은 산의 흰 눈과 얼음을 가져오게 하여 먹었다는 기록이 있고, 로마 시대에는 여기에 알콜이나 과즙을 섞어 먹었다고도 한다. 지금과 같은 아이스크림은 1550년 이탈리아에서 처음 만들어졌다고 하는

데 이후 프랑스와 영국에 전해졌고, 1867년 독일에서 제빙기가 발명되고 냉동 기술이 발달하면서 더욱 다양한 냉과류가 발전하여 오늘에 이르렀다. 원래 우유를 가미한 차가운 요리는 오염과 세균 등의 문제로 잘 먹는 음식이 아니었는데 그래서 아주 특별한 경우이거나 부자들의 허세로 손님들 앞에 차려지는 요리 중 하나였다. 오늘날과 같이 일정한 품질을 유지하면서 상업적으로 생산할 수 있게 된 것은 모두 냉동·냉장 기술의 혁신 덕분이라고 할 수 있다. 일본의 아이스크림 역사는 우리나라보다 오래되어 아이스크림을 처음 접한 지 80년 이상 되었고, 우리나라에는 1950년대 미군 부대의 아이스크림 기계가 제과점에 전해지면서 본격적인 생산이 이루어졌다.

아이스크림은 주원료인 크림에 유지방과 우유, 탈지분유, 설탕, 향료, 유화제, 안정제 및 색소 등을 첨가하고 동결시켜 만든다. 영양가가 높고 공기를 균일하게 혼합해 부드러운 것이 특징이며 우리나라 『식품 규격 및 기준』에서는 아이스크림을 '우유 또는 유제품을 주원료로 하고 당류의 기타 식품 또는 첨가물을 더해 동결한 것으로써 유지방이 6% 이상, 무지유고형분 10% 이상을 함유한 것'이라 정의하고 있다.

아이스크림은 크게 제조 방법과 법적 분류에 따라 나눌 수 있는데 나라마다 성분의 규격과 정의가 조금씩 다르다. 그러나 일반적으로 유지방이 6% 이상, 무지유고형분이 10% 이상인 것을 아이스크림이라 하고, 유지방 2% 이상, 무지유고형분 5% 이상을 아이스밀크로 정의한다.

아이스크림은 제조 방법에 따라 크게 소프트 아이스크림과 하드 아이스크림으로 나뉘는데 소프트 아이스크림은 아이스크림 믹스파우더를 주원료로 하고 여기에 가루 세 배 정도의 물을 부은 뒤 영하 7도 이하로 얼려 오버런(냉동 중 혼합물이 공기 유입에 의해 부피가 증가하는 현상)을 30~50%로 반 경화시켜 만든다. 주로 반유동체 형태로 밀가루로 반죽한 용기에 담아 판매한다. 하드 아이스크림은 영하 17~20도에서 보통 오버런을 100% 정도로 경화시켜 만든다. 이외에도 배합에 따라 가장 기본이 되는 플레인 아이스크림(Plain Ice Cream), 노른자를 많이 배합해 만든 커스터드 아이스크림(Custard Ice Cream) 등 아이스크림의 종류는 매우 다양하다.

우리나라의 디저트

원래 우리나라와 일본, 중국의 음식문화에는 디저트라는 개념이 거의 없었다. 식후에 먹는 것으로 우리나라의 숭늉이나 중국의 차 정도가 있었으나 그것도 디저트로 보기는 어려울 듯하다. 물론 우리나라에도 간식 개념의 다과류가 존재했지만 떡이나 과일 등과 함께 다과상에 올리거나 간식의 개념으로 만든 것이지 디저트는 아니었던 것 같다. 우리나라 식문화에 디저트라는 개념이 도입된 것은 비교적 최근의 일로 서양의 식사 예법을 본 딴 것이라 추측된다.

한식 디저트의 의미를 가만히 살펴보면 우리는 디저트를 정식 외에 먹는 기호식품 정도로 생각하고 있음을 알 수 있다. 정식 외에 먹는 기호식품에는 여러 가지가 있는데 쉽게 '과자류'

를 예로 들 수 있다. 실과(實果)나 조과(造菓)라는 명칭에서도 알수 있듯 과자는 말 그대로 생과일 또는 말리거나 찐 과일을 가리키던 것이고, 지금은 곡식이나 과일을 위주로 해 갖가지 감미료를 섞어 만든 것을 일컫는다. 한식 디저트는 크게 한과와 음청류(술 이외 기호성 음료의 총칭)로 나눈다.

한과

농경문화가 발달하면서 육식기피 사조를 배경으로 신라와고려시대에는 한과류가 존재했고 이는 혼례, 제례, 연회 등의의례음식으로 숭상되었다. 한과는 후식으로 먹는 과자류로 제사, 혼사, 잔치에 사용하는 필수 음식이었고 유밀과, 유과, 정과, 다식, 숙실과, 과편, 엿 강정류를 말한다.

유밀과

여러 가지 곡식 가루에 꿀과 기름, 술 등을 넣고 반죽해 모양을 만든 뒤 기름에 튀겨 집청꿀(꿀과 물엿, 설탕, 생강 달인 물 등을 섞은 것)에 건져낸 과자로 꽃약과, 전통약과, 인삼약과, 모약과, 만두과, 매작과, 삼색매작과, 김 매작과, 매엽과 등의 종류가 있다. 유밀과 중에서 가장 널리 알려진 것이 바로 약과다.

유과

유과는 찹쌀을 물에 담가 삭혀서 가루로 만든 뒤 콩물과 술

다양한 강정

을 반죽하고 쪄서 얇게 밀어 여러 가지 모양으로 썰어 말린 뒤, 기름에 튀겨내고 꿀이나 조청을 발라 갖가지 고물을 묻힌 과자다. 세반강정, 흰깨강정, 흑임자강정, 파란콩강정, 송화강정, 계피강정, 잣강정, 미니강정, 쑥강정, 대추강정, 산자, 빙사과 등이 대표적인 유과의 종류에 속한다.

정과

정과는 입맛을 새롭게 꾸미고 식후에 산뜻한 기분을 느끼게 하는 음식으로 식물의 뿌리나 줄기 또는 열매를 꿀, 조청, 물엿, 설탕에 오랫동안 졸여 쫄깃쫄깃하고 달콤하게 만든 과자다. 절임정과에는 당근, 감자, 금귤 등이 있으며 조림정과에는 박고지, 사과, 도라지, 인삼, 무, 우엉, 연근, 동아정과, 밀감정과 등이 있다. 건 정과는 완성된 절임정과와 조림정과를 체에 밭쳐 하나씩 떼어 설탕을 묻혀 말린 것을 말한다.

다식

다식은 깨, 콩, 찹쌀, 송화, 녹두, 녹말 등을 가루로 만든 뒤 꿀로 반죽하여 다식판에 눌러서 여러 가지 문양이 나오도록

다식

찍어낸 과자다. 송화다식, 콩다식, 녹말다식, 쌀다식, 흑임자다식, 육포다식, 영양다식, 태극콩다식 등이 있으며 녹차와 함께 먹으면 차의 맛을 한층 높여 준다. 특히 다식을 찍어내는 모양 틀은 문양이 매우 다양한데 수(壽), 복(福), 강(康), 령(寧) 등 인간의 복을 비는 글귀와 수레바퀴 모양, 완자무늬 틀에 이르기까지 조각의 모양이 정교해 당시의 예술성을 엿볼 수 있는 하나의 도구가 되고 있다.

숙실과

숙실과는 과수의 열매나 뿌리를 익혀 꿀에 조린 것으로 만드는 방법에 따라 초(抄: 과수의 열매를 익힌 뒤 모양대로 조린 것)와 란(卵: 열매를 익힌 뒤 으깨어 설탕이나 물에 졸여 빚은 것)으로 나눈다. 초에는 밤초와 대추초가 있고 란에는 율란, 조란, 생강란 등이 있다.

과편

과편은 서양의 젤리와 비슷한 과자로 신맛이 나는 과일을 삶아 거른 물에 설탕이나 꿀을 넣어 졸여 엉키게 한 뒤 모양을 낸 것이다. 새콤달콤한 맛과 과일의 아름다운 색과 향이 그대로 배어 있으며 종류에는 앵두, 다래, 포도 모과, 오미자, 딸기, 대추인삼, 금귤, 감귤, 자두, 유자과편 등이 있다.

엿 강정류

강정은 옛날부터 고급 과자로 인식되었으며 고려 시대부터 널리 만들어 먹은 것으로 추정된다. 깨, 콩이나 잣, 호두, 땅콩 등의 고소한 맛을 지닌 견과류나 곡식을 볶은 재료에 단맛의 엿을 넣어 버무려 서로 엉키게 한 후 모양을 만들고 약간 굳었을 때 밀어서 굳힌 과자다. 종류에는 흰깨, 흑임자. 태극깨, 오색깨, 들깨, 사과깨, 유자깨, 대추말이, 곶감·호두말이, 잣, 보리엿강정 등이 있다.

음청류

식혜

식혜는 우리에게 잘 알려진 기호성 음료다. 『조선요리학』에서

식혜

홍선균은 "외관으로도 미술학적이고, 그 맑고 담백한 맛은 중국 일등 품질의 차라도 우리의 식혜만 못할 것이다. 식혜를 계속 먹으면 소화가 잘 되고

체증이 없어지며 혈액을 잘 순화시켜 상쾌한 기분이 자연히 생기는 음식이다"라고 예찬하고 있다. 중국 고대 유가의 경전인 『예기(禮記)』에는 상류 계급에서 마시는 청량음료의 하나로 감주(甘酒)의 윗물인 단술이 등장하는데 식혜의 기원은 여기서 찾을 수 있다. 식혜는 제례상에도 오르는데 식혜 건지를 담고 잣이나 대추 저민 것을 고명으로 얹는다.

수정과

수정과는 흔히 '수전과'라고도 부르는데 계피와 생강, 통후추를 달인 물에 설탕을 타서 차게 식힌 후 잣, 곶감, 배 등의 건지를 띄운 우리 고유의 음료다. 처음부터 곶감을 넣어 달이거나 우리면 국물이 혼탁해지고 청량감이 덜하므로 곶감을 따로 준비해 수정과 국물에 불린 뒤 부드러워지면 띄우는 방법을 많이 사용한다.

진달래화채

진달래화채는 봄에 피는 진달래 꽃잎을 따 녹말가루를 씌우고 살짝 데쳐 곱게 우린 오미자 국물에 띄운 전통 음료다. 오미자를 우릴 때 뜨거운 물

진달래화채

을 부어 우리면 신맛이 유난히 더하고 떫은맛도 강하므로 물을 끓여 식힌 후 오미자를 넣고 하룻밤 재워 천천히 우리는 것이 좋다. 오미자 국물의 맛은 종류에 따라 다르고 우러나는 빛깔도 다르기 때문에 맛과 빛을 알맞게 맞추어 쓰는 것이 좋다. 특히 향과 색이 봄철에 잘 어울리는 음료다.

유자화채

유자화채에는 유자껍질과 유자알맹이, 석류알이 들어 있어 향긋한 냄새와 달콤한 맛이 진하다. 배와 붉은 석류알, 잣을 띄운 다음 꿀물이나 설탕물을 부어 위로 떠오르게 하여 시원하게 먹는다. 즉 꿀에 재운 유자알맹이와 채를 친 유자껍질, 석류알과 배를 설탕물에 띄운 음료로 가을 정취가 물씬 풍기는 화채다.

송화밀수

송화밀수는 소나무에 피는 송홧가루를 꿀물에 타서 실백을 띄운 것으로 여름철에 더위를 식히는 화채다. 꿀물에 송홧가루를 타서 마시면 향기가 좋은데 이를 송화밀수, 송화수라 한다. 맛이 좋고 쉽게 채취할 수 있는 천연 당류이기에 그 자체가 음료가 되기도 한다.

원소병(元宵餅)

원소병은 '북경의 원소(元宵)가 음력 정월 보름에 해 먹었다'

하여 붙은 이름이다.
따라서 주로 이날 저
녁에 먹는 떡으로 해
석하는데 우리나라에
서는 소를 넣은 작은
경단을 꿀물에 띄운
화채를 일컫는다. 은은

원소병

하면서도 고운 색의 원소병을 만들기 위해서는 찹쌀가루의 색
을 아주 연하게 들여야 한다. 또 삶을 때는 설탕물에 삶아 단
맛이 배이게 하기도 한다. 원소병은 색이 곱고 쫄깃한 맛의 전
통음료로 여름철에도 좋고 정초 떡국상에 곁들여 놓기도 한다.

여러 나라의 음식문화와 디저트

디저트는 고대 사람들이 사냥으로 쌓인 피로를 풀고 즐거운 시간을 갖기 위해 산에서 먹기 시작한 과일에서 유래됐다. 이후 디저트는 세계 각 나라의 식문화에 따라 다양한 형태로 변형, 발전을 거듭했다. 세계 여러 나라에서 식사를 마친 후 약속이나 한 듯 디저트를 즐기지만 디저트의 종류와 스타일은 모두 다르다고 할 수 있다. 하지만 하나의 공통점이 있다면 그것은 '달콤함'이다. 영국에서는 견과류와 과일, 포트와인(발효 중인 와인에 브랜디를 첨가한 주정강화 와인)이나 그 밖의 디저트용 포도주로 식사를 끝내는 것이 전통이고, 프랑스에서는 과일이나 치즈, 포도주 등으로 식사를 끝낸다. 좀 더 격식을 차린 식사에서는 디저트가 나오기 전에 달콤한 요리가 하나 더 추가된다.

미국에서는 디저트로 보통 페이스트리(가루반죽과자), 케이크, 아이스크림, 푸딩, 신선한 과일, 익힌 과일을 즐기며 스페인과 포르투갈, 라틴아메리카에서는 치즈, 크림, 과일 등을 넣어 연한 갈색이 나도록 구운 파이를 많이 먹는다. 또 달걀, 우유, 과일로 만든 달콤한 과자도 즐겨 먹는다. 중부와 북부 유럽에서는 디저트로 케이크와 오븐파이를 주로 먹는다. 그러나 모든 요리에서 달콤한 음식이 디저트로 나오는 것은 아니며 그보다는 오히려 싱싱한 과일이나 차, 커피로 식사를 끝내는 경우가 많다. 일본과 중국에서는 식사의 일부로서가 아니라 대개 간식의 개념으로 디저트를 먹는다.

영국

영국에서는 보통 홍차를 즐겨 마시는데 여기에 곁들여 먹는 디저트로 케이크, 비스킷, 샌드위치 등이 발달해 있다. 그중에서 가장 대표적인 영국의 디저트인 푸딩은 항해 중에 남은 빵 부스러기와 밀가루, 과실, 달걀 등의 재료를 섞고 헝겊에 싼 후 찐 것에서 유래되었다고 한다. 푸딩은 영국 어느 가정에서나 쉽게 볼 수 있을 정도로 영국의 대표적인 디저트로 우유와 달걀의 깊은 맛이 느껴지면서도 촉촉하고 부드러운 맛을 자랑한다.

프랑스

프랑스의 음식은 고대 그리스와 로마에서 발달한 음식이 바탕이 되어 루이 왕조 시대에 왕실 보호를 받으면서 발달하였고 소스가 음식의 초점이 되어있는 음식이다. 지중해와 대서양을 접하고 있는 온화한 기후, 비옥한 국토를 가진 프랑스는 요리 문화가 발달할 수 있는 천혜의 조건을 갖추고 있으며 프랑스 부흥기에 전수된 각국의 요리법이 유럽 최고의 음식문화를 탄생시켰다. 특히 프랑스 요리가 극찬을 받는 이유 중 하나는 그 다양성에 있는데 프랑스인들이 후식으로 즐겨 먹는 치즈의 풍부한 다양성이 그 좋은 예다.

또 정통 프랑스 디저트하면 빼놓을 수 없는 것이 요거트다. 프랑스에서는 상큼한 과일이 듬뿍 들어간 요거트를 디저트로 즐기는 것이 일반화되어 있다.

미국

짧은 역사와 다양한 인종이 공존하는 미국은 뚜렷한 음식 문화의 특징이 없지만, 그럼에도 불구하고 현대 음식이라고 하면 곧 미국 음식을 떠올릴 정도로 전 세계의 음식문화를 받아들여 새로운 음식문화를 만들어나가고 있다. 다양한 인종과 다양한 문화가 공존하는 사회답게 음식 문화의 스펙트럼도 세계에서 가장 넓다고 할 수 있다. 하지만 프랑스의 다양한 요리와 미국의 다양한 요리는 그 개념부터 다르다. 프랑스에서 맛볼 수 있는 요리는 대개 프랑스 요리지만 미국에서 정통 미국요리라고 부를 수 있는 것은 거의 없다. 미국에서는 세계 각국의 요리를 어렵지 않게 맛볼 수 있을 뿐이다.

미국인들이 가장 널리 즐기는 디저트는 쿠키를 들 수 있는

데 버터쿠키, 아몬드쿠키, 건포도쿠키, 마블쿠키, 치즈쿠키, 프레첼(pretzel) 등 재료와 모양에 따라 매우 다양한 쿠키가 있다. 초콜릿은 비만의 원인이라 하여 많은 미국인들이 의식적으로 식탁에 올리지 않는 '비운의 디저트'이며 미국인들이 사랑하는 또 다른 디저트는 젤리다.

독일

독일에서는 후식으로 복숭아, 귤, 사과 등의 과일을 많이 애용하는데 그중에서 가장 사랑받는 과일은 다양한 종류의 체리다. 라인강 주변 지역에서 주로 생산되는 체리는 후식 음식의 부가 재료로 사용되기도 하지만 체리 브랜디로 가공되기도 한다. 독일인들이 체리를 이용해 만드는 음식의 종류는 과자에서 푸딩 그리고 팬케이크에 이르기까지 실로 매우 다양하다.

이탈리아

이탈리아는 우리나라처럼 긴 반도국가로 북부에는 알프스산과 지중해가 있어 풍부한 낙농제품을 이용한 크림소스가 발달하였고, 남부에는 밀가루를 이용한 파스타와 올리브, 토마토, 해산물을 이용한 요리가 발달하였다.

이탈리아에는 이런 말이 있다고 한다. '이탈리아 요리는 없다. 단지 토스카나 요리, 베네치아 요리, 에밀리아 요리 등이 있을 뿐이다.' 이탈리아가 통일된 지 백 년이나 지났지만 각 지역의 향토 요리마다 특색이 분명하기 때문에 나온 말일 것이다.

하지만 지역을 막론하고 원재료의 풍미를 그대로 살리면서 맛을 내는 것이 이탈리아 요리의 공통점이다.

이탈리아인들은 세계적인 대식가로 알려져 있지만 만찬의 마지막은 대부분 돌체 젤라또(Dolce Gelato)로 가볍게 마무리한다. 연유와 천연재료로 만들어진 젤라또는 계절에 따라 오렌지, 체리, 파인애플, 자두, 망고 등으로 다양한 맛을 낸다. 전통적인 젤라또는 얼음과 소금을 채운 큰 나무통 안에 동으로 만든 용기를 넣어 만들었지만 지금은 기계를 이용하고 있다. 이외에도 디저트로 셔벗, 마치도니아(과일 펀치) 등을 주로 먹는다.

스위스

스위스는 오랜 세월 주변 국가의 많은 영향으로 풍부하고 다양화된 요리를 지니고 있다. 크게 독일계, 프랑스계, 이탈리아계 요리로 나눌 수 있지만 지역마다 특색 있고 다양한 요리가 발달해 있는 편이다. 그중에서도 세계적으로 잘 알려진 전통음식으로 끓는 치즈에 빵을 찍어 먹는 '퐁듀(Fondue)'가 있다. 스위스는 특히 후식으로 달콤한 초콜릿을 즐긴다. 초콜릿 소비랑 세계 1위라는 기록이 이를 뒷받침하고 있다.

일본

일본에서는 디저트로 모나카(最中, もなか)를 주로 먹는다. 모나카는 문자 그대로 '한 가운데의 달'이라는 뜻으로 보름달을 말한다. 모나카는 찹쌀로 만든 과자 껍질 사이에 팥소를 넣어

만드는 일종의 화과자인데 팥 대신 참깨나 밤을 넣기도 한다. 일반적으로 벚꽃이나 국화 모양을 띠는 것이 많고, 주로 차와 곁들여 먹는 디저트다.

중국

중국 요리는 뜨거운 탕에 데치거나 미리 익히거나 기름에 데치는 등 우선 조리를 한 후 다시 몇 가지 조리 단계를 거치는 것이 대부분이다. 이와 같은 조리법의 특성으로 중국 요리는 뜨겁게 먹는 요리가 일반적이고, 디저트 역시 마찬가지다. 중국인들은 튀긴 과자, 찐 과자, 구운 과자, 찹쌀떡, 호두튀김, 사과탕, 바나나탕 등 포만감을 더해주는 디저트를 주로 즐긴다.

이럴 땐 이런 디저트

커피와 잘 어울리는 디저트

최근 커피의 종류가 다양해지면서 커피를 디저트로 즐기는 경우가 많아졌다. 커피를 즐기면서 한번쯤 이런 생각을 해 본적이 있을 것이다. 커피와 잘 어울리는 디저트는 무엇일까? 지금 내가 마시고 있는 음료와 가장 궁합이 잘 맞는 디저트는 무엇일까?

카페 아메리카노와 퐁당 쇼콜라
카페 아메리카노는 부드럽고 깊은 맛과 향을 즐길 수 있는 커피로 진한 커피 본연의 쌉싸름한 맛이 살아 있으므로 퐁당 쇼콜라(fondant chocolate)와 함께 마시면 좋다. 프랑스어로 녹는 초콜릿을 뜻하는 퐁당 쇼콜라는 따뜻한 초콜릿이 부드러운 빵 속에 감싸여 있는 디저트다. 카페 아메리카노와 퐁당 쇼콜라를 함께 하면 쌉싸름한 커피 맛에 달콤한 초콜릿의 맛을 더해 그야말로 달콤쌉싸름한 맛의 조화를 느낄 수 있다.

카페 모카와 바삭하고 쫄깃한 바게트

커피의 쌉싸름함과 달콤한 초콜릿이 조화를 이룬 카페 모카는 카카오와 초콜릿이 그대로 들어가 커피의 향과 달콤함이 더욱 매력적이다. 카페 모카에는 바게트가 제법 잘 어울리는데 그중에서도 허니바게트를 추천한다. 겉은 바삭하고 속은 쫄깃한 바게트 속에 꿀과 버터가 녹아 있는 허니바게트 한 조각을 카페 모카에 찍어 먹으면 색다른 허니바게트를 즐길 수 있다.

바닐라 커피와 와플

바닐라의 향긋함과 달콤함이 살아 있는 바닐라 커피에는 와플의 상큼달콤한 부드러움이 조화를 이룬다.

라떼와 디저트

라떼는 어떤 디저트와도 잘 어울리지만 시럽을 넣지 않고 마시는 경우라면 달콤한 맛의 디저트가 좋고, 시럽을 넣어 커피를 달게 마시는 경우라면 달지 않은 디저트를 선택하는 것이 좋다.

카페 라떼와 초콜릿 케이크

카페 라떼는 깊고 진한 에스프레소 더블 샷에 우유를 넣어 부드럽게 즐길 수 있는 진한 커피다. 이와 어울리는 디저트에는 진한 초콜릿이 느껴지는 초콜릿 케이크가 좋다. 카카오 함량이 높은 초콜릿 케이크라면 더욱 고급스러운 맛의 진한 커피, 그리고 초콜릿의 달콤한 맛을 함께 즐길 수 있다.

초코 라떼와 카스테라

라떼 메뉴 중 가장 인기 있는 건 초코 라떼라고 한다. 달콤한 음료가 긴장을 완화시켜주며 기분전환에도 좋기 때문이라고 한다. 특히 현대에 와서는 프리미엄 초콜릿을 녹여 만든 초코 라떼 음료가 많이 나오고 있어 까다로워진 고객들의 입맛을 당기고 있다. 초코 라떼에 가장 잘 어울리는 디저트는 카스테라다. 촉촉하고 부드러운 카스테라의 담백한 맛이 달콤하고 따뜻한 초콜릿 음료와 잘 어울린다.

녹차 라떼와 견과류 쿠키

지나친 단맛을 싫어하는 사람들이 즐겨 마시는 음료로 녹차 라떼가 있다. 향긋하고 쌉싸름한 맛의 녹차 라떼는 고소한 견과류 타입의 쿠키와 가장 잘 어울린다.

블루베리 라떼와 크림치즈 케이크

블루베리 라떼는 크림치즈 케이크와 함께 하면 좋다. 새콤달콤한 블루베리 라떼에 부드럽고 진하면서도 풍부한 맛의 크림치즈 케이크를 곁들이면 환상의 궁합을 자랑한다.

차이 라떼는 초콜릿이 들어간 디저트와 함께

차이 라떼는 홍차의 향과 시나몬 향이 강한 것이 특징으로 초콜릿의 달콤한 풍미와 함께 하면 좋다. 또 초콜릿 케이크처럼 초콜릿 맛이 나는 제품이라면 어떤 것이든 잘 어울린다.

홍삼 라떼와 마들렌

면역력 증진에 효과가 있는 것으로 알려진 홍삼을 우유와 함께 블렌딩해 부드럽게 즐길 수 있도록 한 것이 홍삼 라떼. 홍삼 라떼는 마들렌이나 마카롱과 같이 달콤한 풍미를 더해줄 수 있는 디저트와 곁들이면 더욱 맛있게 즐길 수 있다.

곡물 라떼와 크림치즈 베이글

흑미나 콩과 같은 곡물을 넣어 만든 곡물 라떼는 식사 대용으로 즐기는 경우가 많은데, 여기에 크림치즈 베이글을 함께 먹으면 든든한 한 끼 식사가 된다.

한식과 잘 어울리는 디저트

한식은 밥류, 면류, 찌개류, 찜류 등 그 종류와 맛이 다양해 디저트 또한 한과, 엿 강정류, 음청류 등 여러 가지가 어울릴 수 있다. 특히 한식에는 매운 음식이 많은데 매운 음식을 먹고 난 후에는 새콤한 것보다 달콤한 것이 잘 어울린다. 참을 수 없는 매운 맛의 얼얼함에도 달콤한 것이 가장 잘 어울린다.

차 종류가 아닌 디저트로는 한두 개 정도 집어먹는 경단이 입안을 깔끔하게 해주어 좋고, 기름진 고기와 된장찌개, 마늘 등의 음식을 먹었다면 텁텁한 입안을 계피향이 말끔히 씻어줄 수 있는 수정과도 좋은 후식이 된다.

양식과 잘 어울리는 디저트

일반적으로 서양식 식사를 떠올리면 패밀리 레스토랑에서 코스로 진행되는 요리를 생각하는데 코스 요리가 진행되고 나면 보통 후식으로 녹차나 커피가 제공된다. 뷔페인 경우엔 아이스크림이나 조각케이크를 먹는 것도 좋다.

일식과 잘 어울리는 디저트

일식으로는 초밥과 회, 튀김요리, 메밀요리가 대표적인데 모든 일본 음식에는 '오차(お茶: 보통의 녹차)'가 어울린다. 오차는 기름진 음식, 밀가루 음식, 따뜻한 국물이 포함된 음식 후에도 깔끔하게 잘 어울리며 그들의 오차는 후식이라기보다 물 대신 마시는 차의 느낌이다.

초밥이나 회처럼 날생선 요리를 먹고 난 뒤에는 과일 후식이 잘 어울리며 특히 일식 후식으로 멜론을 많이 사용하는 편이다. 멜론은 시원하게 냉장고에 넣어두었다가 먹으면 입 안의 비릿한 향, 초밥의 냉이고추 맛을 단번에 잡아주는 역할을 한다. 멜론을 응용한 디저트는 많지만 차가운 멜론을 그대로 사용하는 것이 좋으며 과즙이 풍부하고 질 좋은 멜론이라면 더욱 좋다.

중식과 잘 어울리는 디저트

중식은 기름진 음식이 많고 볶음류가 많아 보통 중식을 먹고 나면 입안을 깔끔하게 해줄 수 있는 녹차나 쟈스민 차와 같은 허브차가 좋다.

참고문헌

Wendy Stephen, The Essential Dessert Cookbook, Thunder Bay Press(CA), 2003.

Michel Roux, Desserts a Lifelong Passion, Conran Octopus, 1994.

Gordon Ramsay, Gordon Ramsay's Just Desserts, Quadrille Publishing, 2002.

Jeanne Bourin, The Book of Chocolate, Flammarion, 2001.

Anne willan, Chocolate Desserts, Dorling Kindersley, 1992.

Anne willan, Fruit Desserts, Dorling Kindersley, 1992.

Anne willan, Delicious Desserts, Dorling Kindersley, 1993.

한국제과기술경영연구회, 『초콜릿의 세계』, 비앤씨월드, 2002.

에자키 오사무, 『프로를 위한 제빵테크닉』, 월간제과제빵, 2001.

월간제과제빵, 『빵·과자 백과사전』, 비앤씨월드, 1992.

김상협, 『양과자와 빵』, 하서출판사, 1987.

안호기 외 5인 공저, 『디저트』, (주)교문사, 2010.

박병렬·이형우, 『호텔제과제빵기술론』, 문지사, 1992.

오모리 유키코, 『이야기가 있는 프랑스 과자』, 이끼북스, 2009.

디저트 이야기

펴낸날   초판 1쇄   2012년 8월 15일

지은이   **안호기**
펴낸이   **심만수**
펴낸곳   (주)살림출판사
출판등록 1989년 11월 1일 제9-210호

경기도 파주시 문발동 522-1
전화   031)955-1350   팩스 031)955-1355
기획 · 편집 031)955-4662
http://www.sallimbooks.com
book@sallimbooks.com

ISBN   978-89-522-1940-4   04080

책임편집 **최진**